地域批評シリーズ51

これでいいのか 岐阜県

まえがき

本書は2015年5月に刊行された『日本の特別地域特別編集67　これでいいのか岐阜県』の原稿に加筆と訂正を施し、新たな書き下ろしを加えて文庫化したものである。

岐阜は実にビミョーなポジションの県である。日本の中心にありながら、希薄なことこの上ない存在感。その要因はお隣・愛知（というか名古屋）の光芒が強過ぎるからだろう。中部一の大都会・名古屋の影に隠れ、まったく目立たないのだ。今や都道府県の知名度を計る基準になっている魅力度ランキングで36位。この中の下の順位もいかにも岐阜らしい。どうせならどんじりにいて逆目立ちすればいいのに、そうならないのはその存在感の希薄さゆえだ。

だが、そんなポジションに甘んじつつ、岐阜は意外としたたかだ。交通の要衝という立地と名古屋にしっかりと依存し、中京圏の一角として産業集積が進んでいる。しかも現代産業だけではなく、刃物に焼物、そして世界遺産にも認定された和紙など伝統工芸も盛んで、国内屈指のものづくり県になっているのだ。とはいえ、その旨味を享受し、発展しているのは美濃地方である。対する北の飛騨地方は開発も遅れ、のどかな田舎が広がっている。

このように南北で明らかにコントラストが違う岐阜だが、それも仕方がない。山や川で遮られているように、もともと美濃と飛騨は同じ国ではなく、文化、言葉、風習、人々の気質も違う。加えて強引にひとつの県にされてしまった因縁もあり、両者には目に見えないライバル心、はたまた羨望めいたものも存在している（お互いに無関心を装っているけどね）。

ただこの2地域のスタンスは実にもったいない。それぞれに強みも個性もあるのに、「岐阜」の名の下、ひとつにまとまれないから、それぞれの長所がそれぞれの短所を補完できず、県の飛躍を阻んでいるのだ。この「まとまれない」のが、岐阜県の残念な特徴で、美濃と飛騨の関係にとどまらず、美濃の内部もバラバラでまるで一体感がない。

本書では美濃と飛騨双方の地域性、問題点を取り上げ、岐阜県の本質を暴き出していく。岐阜県が真の南北融合を果たし、「中部の雄」として脱皮できるのか、その未来をこれから探っていくことにしよう！

岐阜県地図

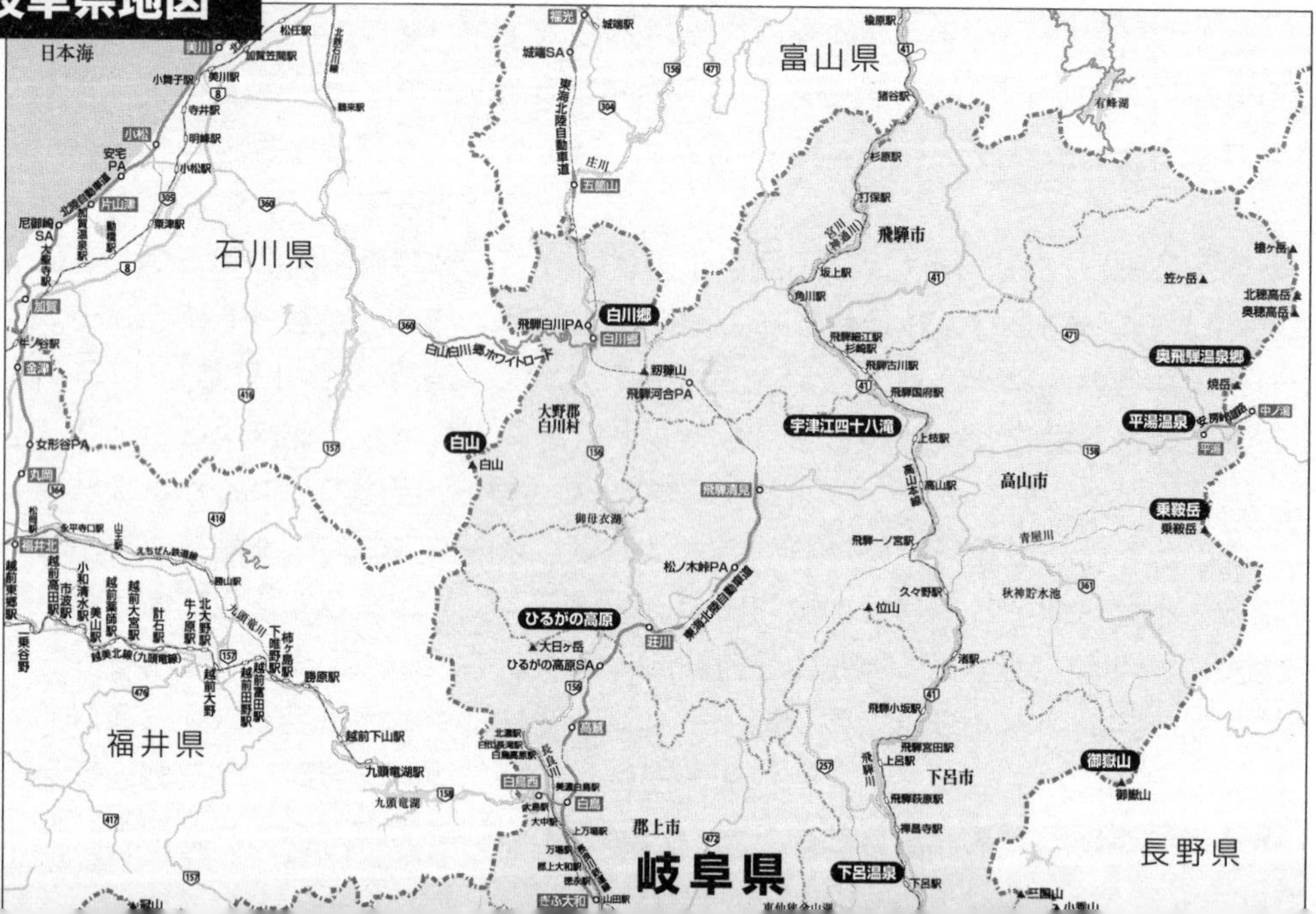
日本海
石川県
富山県
福井県
岐阜県
長野県
飛騨市
高山市
下呂市
郡上市
大野郡 白川村
白川郷
白山
ひるがの高原
宇津江四十八滝
奥飛騨温泉郷
平湯温泉
乗鞍岳
御嶽山
下呂温泉
白山白川郷ホワイトロード
東海北陸自動車道
北陸自動車道
飛騨白川PA
飛騨河合PA
松ノ木峠PA
ひるがの高原SA
城端SA
尼御前SA
安宅PA
女形谷PA
籾糠山
大日ヶ岳
位山
笠ヶ岳
槍ヶ岳
北穂高岳
奥穂高岳
焼岳
御母衣湖
秋神貯水池
九頭竜湖
有峰湖
高山本線
長良川
飛騨川
宮川
庄川
青屋川
九頭竜川
高山駅
飛騨古川駅
下呂駅
角川駅
猪谷駅
杉原駅
打保駅
坂上駅
上枝駅
久々野駅
飛騨一ノ宮駅
渚駅
飛騨小坂駅
飛騨宮田駅
上呂駅
飛騨萩原駅
禅昌寺駅
飛騨国府駅
飛騨細江駅
杉崎駅
北濃駅
白山長滝駅
白鳥高原駅
美濃白鳥駅
大中駅
上万場駅
万場駅
郡上大和駅
徳永駅
山田駅
越前下山駅
九頭竜湖駅
勝原駅
柿ヶ島駅
下唯野駅
越前大野駅
越前田野駅
越前富田駅
北大野駅
牛ヶ原駅
計石駅
越前大宮駅
越前薬師駅
美山駅
小和清水駅
市波駅
越前高田駅
越前東郷駅
一乗谷駅
越美北線（九頭竜線）
えちぜん鉄道
勝山駅
永平寺口駅
松岡駅
山王駅
牛ノ谷駅
小松駅
明峰駅
寺井駅
小舞子駅
美川駅
加賀笠間駅
松任駅
粟津駅
動橋駅
加賀温泉駅
大聖寺駅
鶴来駅
北鉄石川線
城端駅
福光
五箇山
白川郷
飛騨清見
荘川
高鷲
白鳥
白鳥西
ぎふ大和
中ノ湯
平湯
安房峠道路
美川
小松
片山津
加賀
金津
丸岡
福井北
8
41
156
157
158
304
305
360
361
364
416
417
471
472
476
257

滋賀県
三重県
愛知県
伊勢湾
北
0
20km
岐阜市
大垣市
羽島市
各務原市
関市
美濃市
美濃加茂市
可児市
多治見市
土岐市
瑞浪市
恵那市
中津川市
海津市
山県市
瑞穂市
本巣郡北方町
揖斐郡大野町
揖斐郡池田町
揖斐郡揖斐川町
不破郡垂井町
不破郡関ケ原町
安八郡神戸町
安八郡安八町
安八郡輪之内町
羽島郡岐南町
羽島郡笠松町
養老郡養老町
加茂郡富加町
加茂郡坂祝町
加茂郡川辺町
加茂郡七宗町
加茂郡八百津町
加茂郡白川町
可児郡御嵩町
名神高速道路
東名高速道路
中央自動車道
伊勢湾岸自動車道
新名神高速道路
東海環状自動車道
北陸自動車道
新東名高速道路（建設中）
恵那峡
馬籠
妻籠

岐阜県基礎データ

地方	中部、東海地方
総面積	10,621.29km²（※境界未確定部分あり）
人口	1,978,463 人
人口密度	186.27 人 /㎢
隣接都道府県	富山県、石川県、福井県、長野県、愛知県、三重県、滋賀県
県の木	イチイ
県の花	レンゲソウ
県の鳥	ライチョウ
県の魚	アユ
県の歌	岐阜県民の歌
団体コード	20000-0
県庁所在地	〒 500 - 8570 岐阜県岐阜市薮田南 2 - 1 - 1
県庁舎電話番号	058-272-1111（代表）

※人口は 2020 年 6 月現在の推計人口

第1章
岐阜県を形づくる 6つの個性

【歴史】要衝なのにスポットを浴びない悲しい岐阜

縄文時代から各地と交流していた

岐阜県は「美濃を制すれば天下を制す」といわれ（とくに県域の南半分は）、東国と西国の境界に位置する交通の要衝として、古来から権力者が戦略的に重視した地である。というわけで、歴史の転換点となるような出来事がたびたび起きているのだが、悲しいかな岐阜自体が歴史の表舞台に立つことはなかった。ここでは、そんな光芒を放ちつつも暗〜い岐阜の歴史を見ていきたい。

まずは先史時代から。岐阜に人類の足跡が確認されるのは、約3万年前の後期旧石器時代。当時使われていた石器の多くが「瀬戸内技法」で作られたものだったことから、当時は西日本文化圏に属していたとされ、東日本へ文化を拡散していく中継点的な役割を果たしていたと考えられる。さらに旧石器時代が終わって縄文時代に入ると土器が出現するが、ここにも地理的な特徴が見られる。出土した当時の土器は関西・関東・北陸系などさまざま。各地域との結節点だけあって、かなり広範囲の文化交流を行っていたようである。

縄文時代の遺跡は飛騨地方など山間部に多いが、弥生時代の遺跡は美濃地方のものが格段に多くなる。要因は稲作の普及で、水が豊富で肥沃な美濃は稲作地帯となった。さらに稲作の普及は副産物として、富と財産を有する支配階級を生み出した。県内では当時の首長の墳墓（古墳）が発見されているが、そのなかで注目は養老町の象鼻山古墳である。３世紀後半に作られたという１号墳（東海地方に多い前方後方墳）がある場所は、周辺に関ケ原、濃尾平野が広がり、背後に東山道（古東山道）が走るなど立地条件が抜群で、しかも副葬品の鏡に位が人臣を極める意味の銘も刻まれていることから、ここに畿内政権と対峙していた東海の大勢力があったのでは、と考える人もいるという。さらに「邪馬台国と敵対していた狗奴国の首長墓ではないか」という仮説も出たほど。だがいずれにしても美濃は、４世紀の中頃にはヤマトの支配下に入り、徐々に中央集権国家の枠組みに取り込まれてしまうのだが……。

東西の狭間で戦乱の舞台に！

さて、古代の岐阜の歴史ハイライトといえば、天智天皇の没後に起きた、長子の大友皇子とその叔父の大海人皇子の跡目争い「壬申の乱」だろう。壬申の乱では美濃を本拠地にした大海人皇子が勝ったが、勝因は東西の分断にあった。大海人皇子が東山道の不破を塞ぎ、大友皇子への東国からの援軍を遮断したことで戦局を有利に展開していった。こうして673年に天武天皇として即位した大海人皇子は、さっそく要所の不破（ほかに愛発、鈴鹿）に関所を設け、東国の防ぎとしたのである。

やがて中世になると、美濃は東西勢力の狭間で戦乱の舞台となっていく。源平の合戦では源頼朝に呼応した美濃源氏と平氏が墨俣川で戦い、平氏が源氏側の美濃武士を駆逐（頼朝の弟の義円が死亡）。鎌倉幕府成立後も、東国の勢力圏は三河、信濃、越後（のちに越中と能登が加わる）までで、美濃、尾張、飛騨は京側の支配下のまま残った。のちに承久の乱（後鳥羽上皇の討幕争乱）が発生すると、北条氏が主導する幕府に反感を持っていた美濃源氏の多くが京（上皇）方に付いた。しかし京方が敗れて美濃源氏は没落。そんななかで台頭したのが、美濃源氏にして数少ない幕府方の土岐氏だった。鎌倉幕府崩壊後には足利尊氏に味方した先見の明も高い土岐氏は、室町幕府のもとで美濃の守護になり、さらに尾張、伊勢の守護も兼ねるなど、一族の全盛期を迎えるのである。

信長が岐阜に留まっていれば…

繁栄した土岐氏も、戦国期になって斎藤氏や織田氏などとの争いに敗れて没落。その中で美濃をまず支配したのは斎藤氏で、斎藤道三の代に覇権を確立する。だが、尾張を統一した織田信長が斎藤氏の居城である稲葉山城を陥落させて斎藤龍興を追放すると、城下の井口（いのくち）を「岐阜」と名付けて本拠を当地に移した。

岐阜という地名の由来は諸説あるが、古代中国の周の文王が天下平定の拠点とした「岐山」の岐と、孔子の故郷「曲阜」の阜を合わせて名付けた地名とされる。その意図からすれば、信長は岐阜を天下布武の拠点としたかったように思えるが、革新的な戦国大名だった信長は岐阜にこだわりはなかった。通常の戦国大名は一カ所に本拠地を決めてそこに固執するが、信長は天下の情勢を見て本拠地をコロコロ変える。岐阜城への移転も、信長にとっては天下獲りの一過程に過ぎず、やがて京に睨みを効かせ、琵琶湖の湖上（ネットワーク）を利用できる安土に本拠地を移している（美濃が難治の国というのもあったようだが）。大坂にも関心を持っていたという信長だが（だからのちに豊臣秀吉は大坂に居城した）、その戦略的柔軟性が岐阜の地を歴史の表舞台に立たせなかったともいえよう。

一方の飛騨は、室町期には京極氏が治めていたが、やがてその家臣にして守護代の三木氏が台頭。飛騨国司だった姉小路氏を継ぎ、現地の勢力を従えて戦国大名化した。だが、天下統一を進める秀吉が越前大野城主の金森長近に三木氏の討伐を命令。金森氏は高山松倉城を陥落させ、飛騨を平定した。長近は飛騨を領地としてあてがわれ、城下町の造成や林業・鉱山経営により、飛騨を大いに発展させていったのである。

要衝だけに大勢力を作らせなかった⁉

さて、日本で一番有名な「天下分け目の戦い」といえば、徳川家康率いる東軍と、豊臣家を奉じる石田三成率いる西軍が激突した関ヶ原の戦いである。東西の分岐点・美濃で繰り広げられたこの戦いはご存知の通り、東軍の圧勝で幕を閉じた。勝った家康は江戸に幕府を開き、強固な幕藩体制を確立していくことになるが、そのなかで美濃は小藩による分割統治を余儀なくされた。美濃は要地と認識されていたため、力が強い大名が出ないよう、多くの大名や旗本に統治させたのだ。江戸期を通じて美濃を治めた最大の大名は大垣藩10万石の戸田氏（初代藩主の氏鉄は徳川家康の近習で、島原の乱で功績があった譜代の家臣でもあった）。ただ大垣藩以外となると加納藩を除けばいずれも小さく、在住領民も隣の村が同じ領地（味方）かどうかわからないような有り様だったという。そのため領民は、為政者にあまり期待せず、一致団結して自分たちの身を守るようになった。また、当地では江戸期を通じて頻繁に農民騒動が発生した。多くの領民が領主に抗って自衛に走ったのである。こうした騒動は天領だった飛騨でも発生し、幕府を大いに悩ませた。

やがて明治維新となり、幕藩体制が終焉を迎えると、美濃と飛騨には廃藩置県に先立ち、いち早く笠松県と飛騨県が誕生した。要衝の美濃と産業基盤がしっかりした飛騨は新政府から重要視されていたに違いない。そして1876年に濃飛が合併。新たに岐阜県が誕生するのである。しかし、岐阜県となってから現在まで、県全体が一枚岩になって発展してきたとは言い難い。県の東西南北、異なる風土を持つ各地域は、地元の利益を求めて独自に動いてきたのである。人々の意識は江戸期とあまり変わり映えしないのだ。

日本のど真ん中にあり、いつの時代も「要衝」として重視された岐阜。それだけに歴史の表舞台に立てなかった、あるいは地味な存在で埋もれているのは、歴史のいたずらかもしれない。しかし、いつの時代もひとつにまとまろうとしなかったことが、岐阜に日の目が当たらなかった要因といえるのではないだろうか。

さすが日本のど真ん中。美濃では古来から天下分け目の決戦がたびたび行われてきた。誰もが知る関ヶ原の戦いに勝った家康は江戸で幕府を開くが、美濃の地は東西の要衝として幕府に警戒された

美濃の多治見に生まれた金森長近は、飛騨討伐の功により飛騨一国が与えられて、高山城を築城。城下町の造成や林業、鉱山開発にも携わり、飛騨高山の礎を築くことになった

【美濃VS飛騨】ずっと続いてきた相容れない関係

水の国の美濃と山の国の飛騨

日本の中央に位置し、「日本のへそ」ともいわれる岐阜県は、東西の境界線にあたり、各種交通網が集中する国内屈指の要衝といってもいい。ところが当の岐阜県民に地元の印象を聞いてみると、「何もない田舎」という答えがけっこう返ってくる。確かにそう言われてみると、岐阜は都会的な要素をすべて名古屋に持っていかれたかのように地味で、これといった特徴もなく、牧歌的でのんびりしているような印象を受ける。

岐阜は県域の約4分の3が山地の内陸県である。世間一般でも岐阜と聞くと飛騨を思い浮かべるし、「山国」というイメージは強い。だが、県内の地域分けをする際、「飛山濃水」という言葉がよく使われるように、県内は山に囲まれた飛騨と、木曽三川（長良川、木曽川、揖斐川）が流れる平地の美濃というように、まるっきり異なる地形を持つ2つの地域に分かれている（東濃や西濃の一部地域は山地のようなもんだけどね）。その地形の違いがすなわち、岐阜にあった2つの国（美濃と飛騨）の境界になった。そんな2つの国がひとつになって岐阜県は誕生したが、お隣同士なのに昔から交流が少なく、さらに性格も文化も異なる地域を強引に併せて1県にしてしまったがゆえに、軋轢と対立感情を生む結果となった。

美濃VS飛騨。岐阜県誕生以来続く、南北の対立（ライバル？）感情は、今もなお県民に受け継がれているという話だが……。まずはそれぞれの地域の特徴と住民気質から見ていこうと思う。

まとまらない美濃とまとまる飛騨

昔から、東国と西国（畿内）の出入り口にあたる美濃は、政治・軍事の要地であった。美濃は壬申の乱や、関ヶ原の戦いなど、天下の行方を左右する戦が繰り広げられ、歴史の転換点における非常に重要な役割を果たしてきた。さらには、織田信長の天下布武への歩みも、尾張ではなく美濃からスタートしている。つまり美濃は、我が国の歴史の本道を歩んできた地といえるのである。

ところがそうした要地にもかかわらず、美濃全域を一括で支配する領主に、実は恵まれていないのだ（信長も含めて）。理由は美濃統治の難しさにあった。山岳地帯の東濃は信濃や尾張とのつながりが深く、木曽三川が流れる平野部には多くの輪中が存在し、その中では自治組織がつくられ、強固な自立性を有した。さらに川沿いの湊や商店が並ぶ町場も自治性が非常に強く、領主の権力に屈しなかったともいわれる。そのため美濃では、一領主による政治・経済を一体化させた直接支配という形がとれなかったのだ。しかもこうした状況は、幕藩体制が完成した近世以降も続いたのである。

輪中に代表されるように、美濃人は狭い地域のなかで結束して生きてきた人たちである。それゆえ「美濃」という大きな地域単位での一体感に欠けているといわれている。排他性が強く保守的で利己的だといわれる美濃人の気質を表す際に「輪中根性」という言葉がよく使われる。輪中のような小さなコミューンを大事にする性分は、平成の大合併の大失敗を見るにつけ、現代の美濃人にも濃厚に受け継がれているといえる。

一方の飛騨は、古代には流刑地扱いされ、「下国」として位置づけられていた。それでも林業を主産業とし、多くの工人を都に送り出す「匠の国」というポジションを得て発展した。飛騨は人口が少ない山国ということもあり、美濃と違って1国としてのまとまりがあり、中世以後には金森氏が当地を支配して、一体性のある領国経営を行った。さらに近世になると高山を中心に京都の文化が入り込み、独自の文化も花開いた。

ただ、雅な京文化の流入はあっても飛騨人はいわば「山の民」であり、素朴で律儀、質実剛健で、少々引っ込み思案という山国気風がある。さらに飛騨人は同胞意識が強い（飛騨の市町村の大合併計画は破綻したけどね）。また、京文化の浸透や、江戸時代には天領だったこともあり、住民のプライドもかなり高い。そうした飛騨人を美濃人は「飛騨の山猿（山の中に閉じこもってプライドだけは高い人）」と言ったりするのだ。

岐阜県誕生後から激しく対立！

美濃人は「まとまりを欠いた平地民」。一方の飛騨人は「まとまりがある山の民」なのである。言葉も違うし文化も違う。たとえるなら水と油のような関係といえるのかもしれない。

そんな水と油を強引に混ぜ合わせたのが、1871年の廃藩置県とその後の府県統合である。明治維新による廃藩置県で、現在の岐阜県域には、美濃に9県（廃藩置県に先んじて1868年に笠松県が成立している）、飛騨に高山県が成立（こちらも1868年に飛騨県が成立した）。その後の第1次府県統合では、美濃の9県が合併して岐阜県となり、高山県は筑摩県に併合されている。筑摩県とは、現在の長野県松本市に県庁が置かれた県で、飛騨は同じ山国の信濃に組み入れられたのだ（当時、行政区画を決める際に重視されたのは石高のバランスで、美濃の石高が高過ぎたこともあり、飛騨は筑摩県と併合した）。

もともと信濃とのつながりが深かった飛騨にすれば、筑摩県と合併したのは良かったのかもしれない（今も高山市と松本市は姉妹都市だし）。だが好事魔多しで、松本の筑摩県庁で火災が発生し、さらに旧石高の調整もあって、第2次府県統合で筑摩県が消滅。信濃の範囲は長野県となり、飛騨地方は岐阜県に編入された。こうして今の岐阜県が誕生したのである（飛騨は富山と一緒になる案もあったが、富山が石川に強制的に編入されたため岐阜県に編入）。

ところが岐阜県に編入した途端、飛騨で騒動が巻き起こった。「美濃の従属的立場に置かれた！」として、地元の有力商工業者による「飛騨の地方税分離運動」が行われたのだ。飛騨は同県内での自立を求めたのである。さらにその後の県議会では、美濃の水場派と飛騨の山岳派に分かれ、とくに治水の問題で激しく対立したという（治水は飛騨にはあまり関係ない問題だしね）。

表に出さなくても対立感情はある？

岐阜県誕生以来、明らかに違う地域性や人々の気質、県政の方向性から美濃と飛騨は対立してきた。だが、今の岐阜県民からは「もうそんな対立なんて無いよ」という声を聞く。それは県民が「美濃は美濃、飛騨は飛騨」というように、別々の国だと割り切りがついているからだという。さらに「高齢者はまだしも若者は対立なんて無関心」という意見もあった。もはや美濃と飛騨の対立感情は、時代錯誤なのだろうか？

だが一方で、こんな話もある。たとえば、他県民からしてみると飛騨のイメージがある郡上。だが、それを郡上民にいうと「郡上は美濃だ！」とたしなめられるし、冒頭にも書いたような、世間一般の「岐阜＝飛騨」というイメージをしゃくに思っている美濃人だって少なくないと聞く。また対抗意識のベクトルは、美濃人→飛騨人よりも、飛騨人→美濃人のほうが強い。おそらくそこには美濃優遇の歴史が少なからずあるのだろう。

飛騨人は美濃人について「こすっからい。なんでもかんでも銭勘定するし、性に合わん」と言う。ケチなのは美濃人の性分だが、飛騨人にすれば度を超えたケチのように思えるそうだ。だが一方で、美濃人も飛騨人を「山猿」呼ばわりしているわけで……。

別々の国という割り切りはあっても、相容れない両者の関係は今も続いているのである。

山深い飛騨には、今でこそ国道41号や東海北陸自動車道などのインフラが整備され、美濃との行き来はしやすくなっているが、もともと交流は希薄。むしろ飛騨は北陸との関連が深かった

飛騨地方の象徴にして守り神「さるぼぼ」は、災い除けや家庭円満などの縁起物。「ぼぼ」は飛騨弁で赤ん坊のことをいい、「猿の赤ん坊」という意味。九州人との会話もかなり弾むはずだ（笑）

【インフラ】災害でも浮き彫りになった美濃と飛騨の格差

あまりに激しい美濃と飛騨の格差

東海エリアにかぎってもひときわ地味な岐阜県。その立ち位置は隣県との比較においても変わらない。総合ブランド研究所がまとめた「地域ブランド調査2019」で、岐阜県は36位。周辺県と比較しても、長野県（10位）ほどのブランド力はなく、また北陸新幹線の開業で注目を集める石川県（9位）や富山県（24位）、さらには、近年幸福県として名を上げる福井県（37位）にまで追い抜かれる恐れがある。唯一の慰めは、琵琶湖という全国区のスポットがありながら39位に低迷する滋賀県の存在か。

ブランド力が拮抗する岐阜と滋賀。中濃や東濃の一部が名古屋の属領と化しているように、滋賀も湖南エリアを中心に京阪神住民による侵食が進んでいるなど、この2県には似ている点が多い。そんななか、内閣府がまとめた2011年度の県内総生産（名目）で比較すると、滋賀の5兆7500億円に対して岐阜は7兆1240億円と、明らかに優位に立っている点もある。だが、岐阜県の人口は滋賀県よりおよそ1・5倍多い。何をかいわんや。多少強引だが、岐阜県民1人あたりの生産額を算出してみると、岐阜が約340万円で滋賀が約410万円。もはや比較するだけむなしい……。

しかし交通の要衝としての地位は他県の追随を許さない。日本のへそを自負する県だけあって、その地位は時代を経ても何ら変わらない。鉄道にかぎってみても、県内には天下の大動脈・JR東海道新幹線や東海道本線、同じく東京と直結する中央本線といった重要路線が張り巡らされている。高山本線は、美濃と飛騨を結ぶ唯一の鉄路だし、中濃を中心に名古屋本線、犬山線、各務原線、広見線、羽島線、竹鼻線と豊富な路線網を持つ名鉄は、県民の足としてなくてはならない存在だ。さらに、地元民以外は県民ですら忘れているだろうけれど、JR路線のなかでは超マイナーな太多線、私鉄ではマニア受けする養老鉄道養老線、第三セクター鉄道も樽見鉄道、長良川鉄道、明知鉄道の3社が営業している。ざっと数えてみると、なんと15路線も張り巡らされているのだ。まさに「鉄っちゃん」には垂涎の鉄道王国なのである。

しかし、美濃と飛騨に分けてみると、飛騨には高山本線以外の鉄路はなく、圧倒的に捨て置かれている感が強い。美濃にみっちりと張り巡らされた鉄道網に対して飛騨はスッカスカ。ほぼ全域が鉄道不毛地帯といってもいい。飛騨の領域は南北縦長に見えるが、それは下呂の仕業によるもので、高山、飛騨、白川の3市村だけならむしろ横長。それを南北に縦貫するたった1本の路線でまかなおうとするのが、そもそも無理なのである（といっても横断鉄道の敷設にもまた無理があるわけだが）。

もちろん、こうしたインフラ不均衡には、２００６年末に飛騨地方唯一の三セク線だった神岡鉄道神岡線が廃止されたことも少なからず影響している。といっても廃線になる程度の利用者しかいなかったわけだから、存続していたところで不均衡是正につながるとは思えないんだけどね。

せっかくの新幹線も宝の持ち腐れ!?

さて、鉄道に関しては文句なしに恵まれている美濃だが、飛騨に対する優位性は揺るぎないものの心配なこともある。2001年に、名鉄の八百津線と谷汲線、竹鼻線と揖斐線の一部、一挙4路線が廃止になり、2005年には美濃町線と揖斐線がついに全廃。さらに不採算区間の広見線新可児〜御嵩駅間の廃止も取り沙汰されている。経営状況が厳しい三セクも樽見鉄道の存廃問題は10年度の黒字決算をもってひとまず回避できたが、いつまた再燃するともかぎらない。

どうにも使い勝手の悪い新幹線も、ある意味では困りもののひとつだ。我々が取材で訪れた際もそうしたのだが、岐阜から東海道線で名古屋まで行き、新幹線に乗り換えるのが一番スムーズ。県内唯一の新幹線駅である岐阜羽島駅は、全時間帯で1時間に2本しか停車しない（朝に例外あり）のに対して、名古屋駅は6時20分の東京行き始発列車以降、22時12分の終電までの間に、最も待たされたとしても10分間（2020年7月1日〜8月31日までの時刻表参照）。

名古屋まで行けば、とりあえず来た新幹線に飛び乗ることができる。日中でも7～8分ほどの間隔で運転されている岐阜駅の東海道線ダイヤの密度の濃さと、ひかりかこだまが30分に1本停車する岐阜羽島駅では、名古屋で乗り換える待ち時間や手間を考えても、岐阜駅からのほうが圧倒的に利便性が高い。せっかく天下の大動脈が走っているのに、地元民にすら不評というのでは宝の持ち腐れだ。

新幹線による発展がものの見事に失敗に終わった岐阜羽島の惨状は、さらに由々しき事態をも招いている。リニア新幹線駅設置が決まった中津川民の、思いがけない冷めた目だ。詳細は230頁～で述べるとするが、岐阜羽島という先例を目の当たりにしている中津川民の反応は、これが夢にまで見たリニア新幹線の誘致に成功した街ですか？　と耳を疑うようなものだった。

あちこちの市街地や大河を挟んで大渋滞

とはいえ、車天国の岐阜県にとって、鉄道はおまけのようなもの。都道府県別自家用乗用車の世帯あたり保有台数（自動車検査登録情報協会／2019年3月末現在）によると、岐阜県は1・578台で全国8位。道路さえしっかりしていれば、生活に不便を感じることもない。そのせいか、県内の道はなかなかに走りやすい。国道19号や21号、248号などのバイパス道は高規格化されていて信号もなく快適だ（山あいの県道や市道の一部は穴が開いてたりしたけどね）。高速道路も、東海北陸自動車道の対面通行区間で遅いトラックの後ろに車が数珠つなぎになることはあったが、中央道や東海環状自動車道はまるで渋滞知らずだった（日中だったこともあるだろうけど）。

しかしその一方で、市街地に入るとどこであれ渋滞に巻き込まれる点は、どうにかならんものかと思ってしまう。それも岐阜市内中心部なら話はわかるのだが、国道21号岐大バイパスは高架の降り口付近でいつも渋滞しているし、各務原の市街地や夕方の多治見市街など、至る所でノロノロ運転に巻き込まれる。各務原の渋滞は、高山本線と名鉄各務原線の並走区間で線路を跨いで南北に移動しようとすると、踏切を2回渡るハメになることが原因だろう。

それらを差し置いても忘れ難いのが、朝の長良大橋付近の衝撃的な光景だ。

長良川にかかるこの橋に、大垣方面からの車がどっと押し寄せる。必然的に橋がボトルネックとなり渋滞が発生するのだが、そのさまが凄まじい。橋に直結する県道31号に向かって付近一帯、それも住宅街の道路までほとんど車で埋め尽くされるのだ。筆者が目撃した時は偶然対岸の反対車線で事故があったから、ここまでひどかったのかもしれないが、それにしては地元ドライバーの対応は手馴れたものだった。堤防道路に通じる脇道で車列がまったく動かないと見るや、橋とは反対側に行きたい車は次々と対向車線にはみ出して追い抜いていく。あのためらいのなさは、毎朝のことでなければ身につかないはずだ。

また、河川を縫うように道路が走っているため、災害への弱点も露呈している。2020年の豪雨災害によって、下呂温泉と高山を結ぶ国道41号が通行止めになった。一般道で向かうなら、国道257号を迂回するしかないのだが、これがかなりの遠回り。しかも、途中には携帯電話の電波すら入らない（筆者は大手キャリアのスマホです！）箇所もあるうえ、しょっちゅう落石防止のための工事に出くわすので、1車線規制も少なくない。やはり道路でも飛騨の脆弱性が際立っていると言わざるを得ないだろう。

（右上から時計回りに）岐阜羽島駅の存在を無にする東海道本線。新快速の速さに存在感が薄れる新幹線。中央本線は東濃の学生の足であり、高山本線は沿線観光地を結ぶ観光路線化が進む

東海北陸道は美濃と飛騨をつなぐ唯一の高速道。白鳥IC～飛騨清見ICの区間では4車線化に向けて工事が行われている。身重なトラックには酷な登坂路が多いせいか、一般車もスピード控えめ

【産業】イノベーションと伝統と企業誘致

工業が強くなる条件が揃っている

中部経済産業局の「東海経済のポイント2014」によると、東海地方（岐阜県、愛知県、三重県、静岡県）では製造業の就業者割合が、ほかの大きな経済圏（東京圏、近畿圏）に比べて高く、製造品出荷額のシェアも上回っている。東海地方は、国内のものづくり産業の拠点といってもいい。その代表格が自動車産業で、トヨタはもとより、三菱、本田技研、スズキの製造拠点や工場が、愛知を中心に東海各県に点在している。

そんな製造業が盛んな東海地方のなかで、岐阜県も例に漏れず、バリバリのものづくり県である。その証拠に、岐阜県の産業3部門別の就業者割合は、第一次産業が3・2パーセント（全国平均4・2パーセント）、第二次産業が33・6パーセント（同25・2パーセント）、第三次産業が63・2パーセント（同70・6パーセント）。第二次産業の割合は全国平均をはるかに上回っており、全国5位の高数値である（対して第一次産業と第三次産業は下から数えたほうが早い）。

工業が強いのも環境的に見て当然だ。なんといっても地理的条件が抜群に良いのだ。名古屋に近く、交通の要衝で高速道路網が充実しているうえに、愛知県と比べて比較的容易に広い工場用地を確保できる。そのため工場誘致もずっと好調に推移している。

このように、大企業の工場進出も目立つ岐阜だが、県内の製造業のもうひとつの特色といえば、刃物、繊維、陶磁器、製紙などの地場産業が盛んだということ。いずれの産業も歴史があり、伝統を受け継ぐ職人の技も光る。

その地場産業、刃物では「日本一の刃物産地」と称される関があまりにも有名だ。関の刃物の歴史は古く、鎌倉時代に九州から刀匠が当地に移り住み、刀を作り始めたのが起源。関は刀づくりに理想的な条件をすべて満たしていたとされ、その後、多くの刀匠が全国から集まり、日本一の刀産地になった。江戸から明治にかけて刀の需要が減ってくると、関の刀匠はその技術を農機具や包丁に生かすようになる。さらに時代が下がるにつれてポケットナイフやカミソリ、洋食器なども生産し、海外へも積極的に輸出していった。

刃物業と共に発展した関だが、それを下支えしていたのは、低賃金で下請け作業を行う家内工業による生産体制だった。市内には各工程の専門技術を持った零細工場がひしめき、問屋やメーカーからの発注を受け、安価な製品を共同で大量に作って売った。だが、高度成長期を過ぎると、家内工業による低価格品の大量生産が頭打ちになり、零細工場の中にはメーカーからの受注に頼らず、生産と販売を行う工場も現れた。時流についていけずに撤退する工場もあったが、低価格品の大量生産から脱却して、高品質で高付加価値の製品を少量生産するようになったことで、関の刃物はブランド力を上げたといわれる。伝統に即して作り上げられた刃物は世界各国に輸出され、多くのファンを獲得。わざわざ関に来て、包丁を買い求める海外の料理人までいるほど世界的なブランドになっている。

需要の減少でピンチの地場産業も

東濃の陶磁器も関の刃物に負けず劣らず、その生産規模は日本一である。陶磁器は「瀬戸物」と呼ばれるくらいで愛知県の瀬戸が有名だが、シェアでは岐阜の東濃に軍配が上がる。土岐や多治見、瑞浪で製造される「美濃焼」の歴史は古く、安土桃山期以降に「織部焼」が生産されたことで一躍陶器の名産地となった。だが現在では、需要の減少や廉価品の急増で出荷額の減少が続いている。

繊維業の中心は岐阜市で、大きく発展したのは大正期。岐阜県は製糸業の生産力がもともと高かったが、大正から昭和にかけて織物業が急成長。交通の便が良かったこと（東海道線が走っていた）、工業に必要な電力が豊富だったこと（揖斐川支流に岐阜電気の水力発電所があった）、労働者の確保が容易だったこともあり、岐阜市、大垣市、関ケ原村（当時）には巨大な紡績工場が次々に立地した。こうして織物業が岐阜の繊維業の主力になったが、太平洋戦争終戦直後からは服を作って売るアパレル産業に移行。既製服の大量生産で売り上げを伸ばした。だが現在は激しい競争にさらされ、県の繊維業界は苦戦を強いられている。

一方、需要の頭打ちで苦戦が続いていた製紙業、なかでも和紙業界には光明も見え始めている。1300年という伝統を誇る美濃和紙（本美濃紙）は、年々生産者の数が減ってきていたが、2014年に「日本の手漉和紙技術」の世界文化遺産登録が決定。美濃和紙の認知度が格段にアップしたうえに、洋紙よりも耐久性が高く、独特の風合いが特徴的な和紙は「アート」としての評価も高く、海外からの引き合いも増えたという。

岐阜と宇宙はゆかりが深い

また、岐阜県では伝統産業とは対極の、IT関連産業や航空宇宙産業といったイノベーション推進や、最先端技術を用いた現代産業の振興にも力を入れている。

その象徴は大垣のソフトピアジャパンセンターだろう。ネットワークインフラの拠点となっている同センターには情報産業オフィスや施設が集積しており、それらの「交流」や「連携」によって、地域の教育、医療、福祉など幅広いジャンルでの高度情報化を促進している。さらにベンチャー企業を支援したり、ＩＴ人材の育成にも取り組んでいる。

また、航空宇宙産業では愛知や、三重などと共に「アジアＮｏ．１航空宇宙産業クラスター形成特区」を形成。航空宇宙関連企業（特に中小企業）を支援している。岐阜はもともと宇宙にゆかりが深く、各務原市には国内の航空宇宙産業の一翼を担う川崎重工業岐阜工場があり、また飛騨市の神岡鉱山跡にある東京大学の神岡宇宙素粒子研究施設には、ニュートリノ観測装置「スーパーカミオカンデ」が設置され、宇宙の謎を解き明かす重要な観測が続けられている。

恵まれた自然環境で農産物の質も高い！

岐阜の産業というと、どうしても第二次産業ばかりにスポットが当たってしまうが、第一次産業（農林水産業）にも特色がある。豊かな自然条件に恵まれているため、1年を通じて多種多彩な農産物が供給されているのだ。

木曽三川が流れる美濃の南西部では稲作を中心に、ダイコンやニンジンなどの露地野菜やカキやナシなどの果樹の栽培が行われ、東濃や飛騨の山間部では、冷涼な気候と昼夜の寒暖差を生かしてトマトやホウレンソウの栽培や、広大な山地を利用して肉用牛の生産や酪農が行われている。なかでも「飛騨牛」は全国的にその名を知られ、観光資源としての役割も大きい。

また、海無し県の岐阜だが、水産業も実は侮れない。長良川上流の天然アユは「郡上鮎」と呼ばれ、食通垂涎のブランド品になっているほか、ニジマス、イワナ、アマゴ、ヤマメなどのマス類の養殖が盛んに行われている。

さらに飛騨や東濃では林業が昔から盛んに行われてきた。林野庁の「森林・林業統計要覧2014」によると、木材の製材工場数は全国2位、森林組合数は全国7位と、今も国内屈指の木材の産地だ。とくに飛騨山脈や木曽山脈はヒノキが有名で、質・生産量共に全国トップレベルである。

マイナーといわれる岐阜だが、工業といい農業といい、産業面の底力はメジャー級なのだ。

関市にあるカミソリ文化伝承館・フェザーミュージアム。フェザー安全剃刀株式会社が運営する刃物の博物館、カミソリの文化と歴史を知ることができる体験型ミュージアムでもある

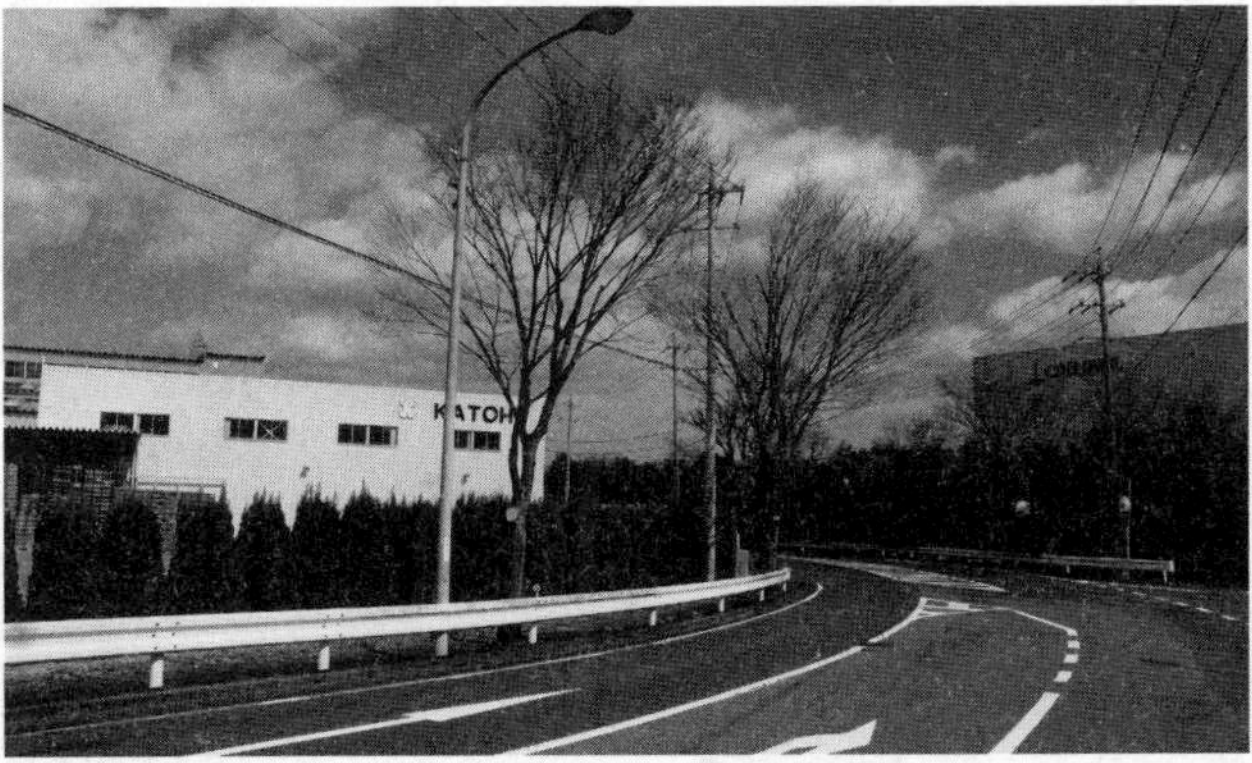

交通の要衝で、広い工場用地も比較的容易に確保できる岐阜は企業に人気。県内（とくに美濃）の各都市は巨大な工業団地を造成して積極的に工場誘致に動いた（写真は可児工業団地）

【観光】有名観光地が集中する飛騨と地味に見どころが多い美濃

驚くべき人気観光地の高山

岐阜県の著名な観光スポットは飛騨に集中しているが、「岐阜県観光入込客統計調査」（2019年）の観光地点ごとの入込客数のランキングを見ると、県内でもっとも入込客数が多かったスポットは、土岐市の「土岐プレミアム・アウトレット」だった（678万2000人）。2位は各務原市の「河川環境楽園（アクア・トトぎふ含む）」（509万4000人）。そして3位にようやく飛騨の「高山市街地エリア」が入る（344万8000人）。美濃のスポットがぶっちぎりのトップ2だが、この結果は、観光地のタイプの違いが反映されたものに過ぎない。美濃の観光地は、郡上など奥美濃は除き、日帰り客がほぼ9割以上を占める。一方の飛騨では日帰り客よりも宿泊客の割合が高く、その許容数にも限界がある。周辺地域から多くの人が次々とやってくる巨大アウトレットモールや、岐阜県民が大好きなアウトドアレジャーが楽しめるテーマパークが上位に入るのは、そもそも当然の結果なのである。

ただ驚くべきは高山で、宿泊客の割合が多いにもかかわらず、前年に引き続き3位をキープ。しかも、この数値はあくまでも観光地点を決めた計測数値で、高山市のデータによると、2019年の高山市全体の観光客入込数は462万3000人。2014年に400万人を突破して以降増加し続けている。

高山の観光業が好調な大きな要因は、外国人観光客が大幅に増えたことにある。高山市の資料による2019年の高山の外国人宿泊客数は約55万2000人。このデータの5年前に当たる2014年の同宿泊客数は約22万5000人。わずか5年で倍増以上というのは驚きである。確かに2019年以前、高山市内を歩くと、あちこちで外国人観光客の姿を見かけた。というのも、高山ではかなり以前から外国人ニーズに目を付け、観光パンフレットや地図は外国語のものも作成し、観光案内標識にも外国語（多言語）を併記するなど、外国人が安心して観光できるまちづくりを進めてきた。そうした細やかな心くばりと、古き良き日本の雰囲気を残す街並みも相まって、ミシュランの観光ガイドで三つ星を獲得したのである。そのほかにもメジャーなガイドブック（ロンリープラネットなど）に高山が掲載され、「日本に来たら訪れるべき観光地」という絶好のポジションを手に入れるに至ったのだ。

ところが2020年、新型コロナウイルスの影響により、国内の観光地はインバウンド需要が見込めなくなってしまった。それならと国はＧｏＴｏキャンペーンで自国民の国内旅行を喚起しているものの、大都市からの移動については自粛意識が強く働いており、観光地側でも「来てほしいが怖い」というジレンマに悩んでいる。何せ2020年2月に高山などを観光に訪れていた千葉県の女性がコロナに感染していたことが判明し、多くの地元関係者が経過観察を余儀なくされたのだ。コロナ禍のゴールが見えないなか、インバウンドに支えられていた高山は、方向転換せざるを得なくなるだろう。それはまた、高山と双璧をなす飛騨地方の観光地「白川郷」も同様である。

北陸新幹線開業で首都圏客を呼び込んだ白川郷

「合掌造り集落」が世界文化遺産に登録された白川郷。こちらも高山と同じく、ミシュランのガイドブックで三つ星を獲得した人気観光地で、毎年150〜200万人ほどの観光客が当地を訪れる。白川村の人口が1600人程度だから、村が1年間に迎え入れる人の数は驚異的にすら思える。白川郷に多くの観光客を運んでくるのは、主にバスだった。同じ飛騨地方の高山からだけではなく、名古屋からもバスが出ているように、バス網はかなり充実している。そしてバスでやってくる観光客のほとんどは外国人だった。筆者もかつて取材で現地を訪れたが、駐車場の大型バスから降りてくる観光客のほとんどは外国人。合掌集落内も多言語で溢れ返っていた。岐阜県では早くから県内への外国人観光客の誘致を行い、その柱となったのが世界遺産の白川郷だった。その盛況ぶりを見れば、県と村の観光PR作戦は成功したといっていいだろう。

さらに2015年の北陸新幹線の金沢までの延伸開業により、東京から白川郷までの移動時間が一気に短くなり、関東周辺から気軽に白川郷を訪れる人が増えた。東京からは東海道新幹線を使い、名古屋を経由するパターンもあるが、北陸新幹線を利用した方が所要時間も短く、金沢から高速バスも出ているので、人気観光地である金沢と白川郷をセットでめぐることができる。北陸新幹線で北陸にやってきた首都圏からの観光客を、いかに岐阜県内（飛騨）に引き込むかが課題といわれていたが、北陸観光のリーダー的存在である石川（金沢）とうまく連携できたのは奏功といっていい。

ただこちらもやはりコロナ禍の影響を多分に受けている。2020年6月1日に白川村は、富山県の南砺市と共に「白川郷・五箇山の合掌造り集落」の閉鎖を解除した。しかし、外国人頼みだった観光地の今後を心配する声はずっと絶えない。その詳細は283頁～に譲るが、シーズンに当たる冬期に向けての対応と対策が今後の課題となるだろう。

岐阜の温泉といえばやっぱり下呂温泉

さて、日本の観光スポットとして欠かせないのが温泉だ。環境省の「平成30

年度温泉利用状況」によると、岐阜の温泉（源泉）の総数は５０７で全国14位。温泉地の数は53とこちらは全国21位。自噴湧出量は全国17位。温泉王国とまではいかないが、比較的温泉に恵まれた県である。県内の温泉には火山性温泉として、奥飛騨温泉郷や、下呂温泉、大白川温泉、平瀬温泉、濁河温泉などがある。一方、非火山性温泉には、炭酸ガスを多く含み「サイダー泉」と呼ばれる湯屋温泉や乗政温泉、長良川温泉などがあり、さらに東濃では、療養泉とも称される放射性元素を含む放射能泉も湧き出している。これらのほかにも掘削して湧き出した新しい温泉などがあり、実にバラエティに富んでいる。

そんな岐阜の温泉の代表といったら「日本三名泉」の下呂温泉をおいてほかにはない。下呂温泉には39の温泉宿があるが（下呂温泉旅館協同組合に登録されている宿のみ）、アクセスの悪さや団体旅行の減少もあり、バブル期には１６０万人を超えていた宿泊客数は、２０１０年度に１００万人を割り込んでしまった。危機感を持った関係者は官民一体となって積極的な観光客誘致に乗り出し、２０１１年度には１００万人を回復。現状、往年のにぎやかさには遠く及ばないものの、温泉街には大勢の若年層カップルやグループ、外国人客などを目にするようになり、2019年の旅館の宿泊利用及び日帰り利用客数は122万5000人と、前年にはやや及ばないまでも健闘を続けている。

さらに地元では、「将来的に濃飛横断自動車道（郡上八幡から中津川につながる高規格道）の全通とリニア開通が起爆剤になれば」と、新たなインフラに期待をかけていた。しかし、リニアの開業が予定よりも大幅に遅れる見込みで、濃飛横断自動車道の全通がいつになるかこちらも見通しが立っていない。

高山や白川郷と並ぶ人気観光地・郡上八幡

ここまで飛騨ばかりを取り上げてきたが、美濃のスポットも取り上げねばなるまい。美濃には戦国好きが喜ぶ史跡が多いのが特徴で、高山や白川郷に負けない人気観光地もある。その筆頭が郡上八幡だ。

郡上おどりで有名な郡上八幡は、街中に張り巡らされた水路と城下町の街並みが相まって、文化と歴史を感じる街である。見るべきものが多いというわけではなく、雰囲気を味わいながらゆっくりと巡る、そんな街なのだが、201

9年の観光入込客数は市の統計によれば約564万6000人（高山と比べてやけに多いような気も……）と、観光は近年ずっと好調だ。郡上は、外国人よりも日本人に人気のある観光地なのがコロナ禍においては救いだが、2020年夏に郡上おどりが中止となった。今後、伝統と観光の街・郡上がどう伝統を守り、発展させていくか、注目していきたい。

また古びた街並みなら、美濃市も趣深い。レトロな町並みと共に、世界文化遺産に登録された美濃和紙の勢いを駆り、観光客を誘致して地域活性化を図った。結果、爆発的増加とはいかなかったが着実に観光客は増えた。現在はひと段落しているが、美濃市の観光客数は110～120万人前後で安定している。こうした落ち着いた街は人で溢れ返ると逆に風情が無くなってしまうので、この「そこそこ感」は旅情を求めるタイプの観光客にとってはありがたい。

こうして見ても、岐阜県内には日本の原風景や歴史が感じられる「渋い」観光スポットが目白押しである。そんな岐阜の人気観光地は、外国人にとって「クールジャパン」そのものだが、今後は日本人にしっかりとその魅力をPRしていかなければならないだろう。

1995年、富山県の五箇山と共に「合掌造り集落」がユネスコの世界遺産に登録された白川郷。年間150万人前後が訪れる人気観光スポットで、世界遺産だけに保存活動や環境維持も大変！

日本三名泉に数えられる下呂温泉。岐阜県民にとっての温泉といえばやはり「下呂」で、肌にやさしいアルカリ性単純温泉のお湯は、「美肌の湯」と名高い

【自然&気候】水害・豪雪・酷暑 意外に厳しい環境

激アツの東濃と雪国の飛騨

岐阜県の地形が複雑でバリエーションに富んでいるのは、県を南北に移動すると目に見えてわかる。県域の約4分の3は丘陵や山地で、飛騨山脈には3190メートルの奥穂高岳を筆頭に3000メートル級の山々が連なっている。片や南飛騨から伊勢湾へと注ぐ木曽三川水系が網の目のように張り巡らされている平野部は、海津市あたりとなれば海抜0メートル地帯となるなど、実に起伏が激しいのだ。というわけで、地域によって自然環境や気候が違うので、おのずとそこで暮らす人々の自然への向き合い方も異なる。

岐阜地方気象台によれば、美濃（岐阜）の年平均気温（平年値）は15・8℃

で、飛騨（高山）は11℃と、県の南北で気温差が大きい。冬は寒くてもほとんど真冬日がない温暖な美濃だが、夏はメッチャ暑く、猛暑日（気温35℃以上）になることもしばしば。とくに東濃の多治見は盆地なので、真夏の暑さはもはや殺人的で、２００７年8月16日には40・９℃を記録（当時の日本最高記録）。「日本一暑い町」を宣言して猛暑をウリにしたものの、こんなに暑くちゃ住民だってたまったものじゃない。埼玉県の熊谷市に最高気温（41・１℃）を抜かれてしまった今では、「暑さ対策日本一の町」を目指し、街を冷ますさまざまな対策を進めている。

逆に標高の高い飛騨は冷涼で、冬場（12〜1月）は日照時間も少なく（岐阜のおよそ60パーセント程度）、雪も多い。高山、神岡、白川各地点の過去の観測結果（気象庁）を見てみると、高山の最深積雪では、２０１４年以前の10年で1メートルを超える積雪があった年はないものの（最高記録は１９８１年の１２８センチ）、神岡では２００６年の１６６センチを筆頭に、10年中７年で最深積雪が1メートルを超えている。白川はもっとすさまじく、２００６年の２９７センチを筆頭に、10年中9年が1メートル超えで、そのうち5年が2メートル超。当たり前だが、山奥になればなるほど「豪雪地帯」となっている。

神岡、白川共に観測史上最大値を記録した２００６年は、「平成18年豪雪」と呼ばれる豪雪に見舞われた年である。北海道、東北・北陸・中国地方、長野県、岐阜県、群馬県など国内の広範囲で記録的な大雪となり、各地で大きな被害が出た。当時の内閣府の資料によると、岐阜県の被害は、死者４人、重軽傷者85人、住宅被害が半壊２、一部破損６０１、床下浸水７。被害は飛騨にとどまらず、死亡事故は、揖斐川、郡上、関、本巣と、すべて美濃で起きている。原因は除雪作業中の落雪や、積雪による家屋倒壊だったが、美濃に死亡事故が集中したのは住民が大雪に慣れていなかったことが要因といわれている。飛騨では毎年、冬が近くなると積雪対策に入る。地域全体に雪国意識が根付いているのだ。とはいえ、積雪対策をする飛騨でも毎年のように雪害が起きている。２０１４年末には住民が避難するほどの大停電が発生。そのほかにも道路の通行止めやスリップ事故なども頻発。雪国の冬は危険と隣り合わせなのである。

平野部は昔から水害と隣り合わせ

自然災害といえば、濃尾平野の一角、海抜の低い美濃南部の木曽三川河口部の人々は、古来からずっと水害に悩まされてきた。現在の岐阜は「きれいな水が溢れる清流の国」として名高いが、それもこれも古の時代から繰り返し行われてきた治水工事による「安全」があればこそである。

ただそうはいっても、1976年の集中豪雨では、中濃（岐阜周辺）・西濃の河川が氾濫。堤防が決壊して岐阜県史上最大の被害が出た（9・12豪雨災害）。さらに記憶に新しいところで、2004年の豪雨では県内の多くの住宅が全壊、床上浸水の被害を受けたように、治水対策がある程度整っている現代でも大水害は起きてしまうのだ。それに後者の豪雨で最も被害が大きかったのは、意外にも美濃北部から飛騨にかけてだった。先述した雪害でもそうだったが、地域にとって想定外の出来事が起きてしまうと、被害が大きくなってしまうものである。

ここ最近は、全国各地で局地的な豪雨が相次いでおり、水防先進県の岐阜でもあらためて、堤防などの河川整備、ハザードマップや浸水想定区域図の作成・公開、情報周知の徹底、避難場所の確保など、全県下で洪水や浸水から住民を守り、被害を最小限に食い止める対策がとられている。

活断層が多い岐阜　地震は大丈夫か!?

そして最後、自然災害で最も気になるのは、やはり地震だ。岐阜で工場誘致が進んでいる要因のひとつは地盤が安定しているからといわれるが、1891年に起きた濃尾地震（震源地は本巣郡西根尾村、現・本巣市）では、美濃南西部を中心に未曽有の被害に見舞われた。岐阜では濃尾地震以外にも、飛越地震（1858年）、北美濃地震（1961年）、岐阜県中部地震（1969年）といった大地震が発生しており、南海トラフ沿いの大地震（東南海地震や南海地震など）でも被害を受けた。県内には多くの活断層が確認されており、長野との県境の山岳地帯では活発な地震活動も見られるという。ただ、文科省の地震調査研究推進本部によると、30年以内に岐阜県で内陸の活断層を震源とした大地震が発生する確率は低いようだが……。

一方、警戒されているのは南海トラフで発生する地震だ。約90~150年おきに、南海トラフを震源域とするM8クラスの巨大地震が発生するといわれ、30年以内の発生確率は70パーセント程度と推測されている。内閣府の2012年発表資料によれば、南海トラフを震源とする東海地震が発生した場合、岐阜県内の想定震度は中津川市の震度6弱が最大。美濃南西部でも震度6弱が想定される地域も多く、防災対策強化あるいは防災対策推進地域に指定されている。ただ、あくまでも想定なので、震度が大きくなる可能性もあるし、津波の心配はないものの、火災などの二次災害も恐ろしい。

自然災害は時に人の想像をはるかに超える。比較的安全といわれる岐阜も過信は禁物なのだ。

※　※　※

2020年7月の豪雨で、岐阜県では飛騨川など、県内6河川8カ所の氾濫が発生した。下呂市内では住宅への浸水が相次ぎ、幹線道路が崩落。また、断続的に降り続く強い雨で土砂崩れや土石流が各地で発生した。しかも梅雨前線の停滞で雨が止まないため、復旧作業が難航。多くの世帯が避難生活を余儀なくされた。加えて観光地でもある高山市や下呂市では宿泊予約のキャンセルが相次ぎ、コロナ禍の状況下、地元の観光業界はWショックに見舞われた。また、産業被害も大きく、農作物・農地被害や林業被害も相当な額に上った。

言葉を失うほどの惨状を目の当たりにし、当事者のなかには多大なショックを受けている方も大勢いるだろう。だが不幸中の幸いだったのは、人的被害がほとんどなかったことだ。岐阜県が発表した被害概要（2020年7月29日15時時点）によれば、死者はおろか重傷者もゼロ、軽傷者が岐阜市で1名出ただけだった。同じ豪雨で死者も確認された九州や中国地方とは被害状況が大きく異なっている。

岐阜県と他県では、川沿いに形成された集落の位置、あるいは地形、氾濫の規模も違うので一概に比較できないが、明暗を分けたのは岐阜県民の水害に対する危機意識の高さではないだろうか。岐阜新聞の報によれば、住宅浸水や土石流で大きな被害に見舞われた下呂市内では、地区によって近所同士で声をかけあうグループを編成し、災害の予兆を把握すると迅速に避難を完了させた。

これは日頃から避難訓練をしてきた成果だという。彼らは自分たちが土砂災害特別警戒区域に暮らしていることを理解し、普段から危機意識を強く持って生活している。そのことが命を守ることにつながったのである。

災害心理学で「正常性バイアス」という言葉がある。これは災害に直面している人が、危険なのに焦らずに「どうせ大丈夫」だろうと過小評価して逃げ遅れることをいう。正常性バイアスを防ぐには、災害発生状況における「率先避難者」の存在が重要といわれている。率先避難者とは災害時に自ら率先して危険を避ける行動を起こすことができる人のこと。その人が避難することで周囲の人にも危険だと認識させることができ、結果として全員が危機意識を持って避難することができるのだ。先の下呂の例にもあるように、岐阜では災害時の「正常化バイアス」を防ぎ、人的被害を最小限に食い止めるシステムができているといえるだろう。

水害だけではなく、地震にも注意を払うべき岐阜県。住民の災害への不安はなくなることはないだろうが、今後は「防災先進県」として、災害対策を積極的に進めていってほしいものである。

台風や豪雨による災害が多い岐阜県だが、時折豪雪被害にも見舞われる。飛騨地方には白川村など日本屈指の豪雪地帯が存在するが、そうした地域の冬場は、雪崩や除雪中の転落事故など危険も多い

東濃の多治見は国内屈指の灼熱の街。2007年8月には日本記録の気温40.9℃を記録。「日本一暑い町」としてPR活動を行ったが、2013年に高知県四万十市に最高気温を更新されてしまった

岐阜県コラム 1

知られざる日本一の喫茶文化

岐阜市民はとにかく外食好きだ。総務省が全国主要都市別に調査している家計調査では、岐阜市の外食費は全国6位。和食で1位、中華で2位と全国トップクラスを誇っている(2017〜2019年平均)。なかでも、断トツの1位に君臨しているのが喫茶代だ。とくに、岐阜県内の喫茶店ではモーニング文化が根づいており、とりわけ岐阜市民のモーニング愛はハンパじゃない。

ただ、全国的には「モーニング文化＝愛知県一宮市」というイメージが強く、岐阜市民はこれに対抗心を燃やしている。中京エリアのテレビ番組では、たびたび同様の構図でモーニング対決企画を放映していたりもして、岐阜県民も相当なモーニング好きだということは周知の事実なのだが、やっぱりそこはローカルネタ。東京あたりでは「岐阜のモーニング文化」は定着していない。

だが、地元民や岐阜県出身者から話を聞いてみると、けっこうな割合でお気に

入りの喫茶店の名前を挙げる。とくに60～70代ぐらいになると、県内あちこちの喫茶店を巡っている人もいた。岐阜市だけでなく、周辺エリアでもモーニング文化が広がっているのだ。

じゃあ、なんでこんなに知名度が低いのかといえば、あくまで発祥の地ではないという点が大きい。そもそもモーニング文化が広まったのは、織物業が盛んだった昭和40年代のころ。一宮市では、織り機でガチャと一織りするたびに1万円程儲かるという意味の「ガチャ万」という言葉が流行るほど景気がよかった。

この一宮の織物業者たちが、岐阜市の柳ケ瀬にバーやキャバレーを開業し、すでに一宮で隆盛していた喫茶店も開業。バーやキャバレーと喫茶店を一緒に開業したのは、朝まで夜遊びをした後に立ち寄る店があると儲かるからだ。ただ、コーヒーだけだと物足らないので、次第に客は食べ物の提供も求めるようになったという。

さらに、織物業が衰退した昭和50年代には、喫茶店の利用者が減少。各店舗が生き残りをかけてサービスを競うようになり、コーヒー1杯の値段でトーストやゆで卵などを提供するだけでなく、茶わん蒸しやソバ、カレーなどどんどんモーニングが豪華になっていったそうだ。ちなみに、筆者が宿泊したホテルにも喫茶店(純喫茶風)が併設されていて、朝6時からモーニングを提供していた。

つまるところ、岐阜市民のモーニング文化は一宮が発祥なので、どれだけ消費量が全国一でも一宮の陰に隠れてしまいがちなのだ。ただ、個人的には岐阜オリジナルの黄色の回転灯はけっこう昭和の風情があっていいと思う。岐阜の喫茶店を盛り上げようという動きも起きているし、今後はモーニング文化の中心地になる可能性も秘めていると思うぞ！

第2章
スゴいんだけど残念な岐阜の歴史

古代には美濃の力が天下獲りをサポート！

分岐点になった古代の大乱

岐阜県は美濃国、飛騨国という2つの国から成り立っている。美濃国が成立したのは7世紀頃で、版図は現在の岐阜県南部から長野県の木曽地方に跨っていた。ちなみに、その当時も現在と同じように木曽川が尾張との境界線だったが、本流は今よりやや西側だったため、現在の羽島市や羽島郡の地域は尾張国に属していた（というか尾張の豪族は美濃国内に領地を持っていたりしたけどね）。

飛騨も美濃と同じく成立したのは7世紀頃。当時の飛騨は過疎地だったためにヤマトから庸（布や綿など）や調（地域特産物）といった租税が免除され、その代わり都へ賦役者（飛騨工）を差し出していた。辺境地ではなかったが、国力が小さかったため「下国」の扱いだった（美濃は上国）。

そんなヤマト支配の時代、さまざまな意味で現地の分岐点になったのが壬申の乱だ。天智天皇の崩御後、大海人皇子と大友皇子が跡目を巡って対立。畿内と東国を巻き込んでの大乱となった。単なる皇族の跡目争いにしては規模が大きく、実際は親百済派（大友皇子）と親新羅派（大海人皇子）による、今後の日本の外交方針を決める代理戦争という説もある。

それはさておき、この戦いに先立って、吉野に隠遁していた大海人皇子は、側近にして美濃国の豪族の村国男依（むらくにのおより）、身毛君広（むげつのきみひろ）や、美濃出身の和珥部臣君手（わにべのおみきみて）を、現在の安八郡や海津市にあたる安八磨郡（あはちまのこおり）に派遣。皇子の領地である湯沐邑（ゆのむら）の令・多臣品治（おおのおみほむじ）に兵力の動員を求めた。そして速やかに不破道（現在の関ケ原）を塞ぐように指示し、最終的に大勝利をおさめたのである。

不破道が戦いのポイントになったのはもちろんのこと、最大の勝因は美濃の

岐阜県の主な歴史（古代）

	事柄
672 年	壬申の乱で藤古川（関ケ原町）付近が戦場となる
673 年	都を守るために不破関、鈴鹿関、愛発関の 3 つの関所を設置
713 年	吉蘇路が完成
715 年	美濃国席田(むしろだ)郡を建郡
789 年	不破関が廃止
819 年	飛騨国分寺が炎上
827 年	藤原高房が美濃介として赴任
837 年	美濃国安八郡から池田郡を分立
855 年	美濃国多芸郡から石津郡、武芸郡から郡上郡を分立
866 年	河川改修を巡って美濃国各務郡、厚見郡の郡司が尾張側の工事現場を襲う(広野河事件)
870 年	飛騨国大野郡から益田郡を分立
1013 年	美濃国の川に怪魚が出現する
1079 年	美濃源氏の源重宗・国房の争乱を源義家が鎮圧
1180 年	美濃源氏が近江に多数出陣

※各種資料より作成

豪族を味方につけたことだろう。美濃は古くから鉄の生産が盛んで（美濃国一宮である南宮大社が垂井町にあり、鍛冶に関係する神様を奉じている）、武器と兵力を同時に確保するのに、美濃は格好の地だったのである。

東山道が整備されて美濃の格がアップ！

さて、日本書紀によれば、壬申の乱を制して天皇に即位した大海人皇子（天武天皇）のスローガンは「政の要は軍事なり」だった。当時の日本は国内外に脅威が残る内憂外患の時代だったのである。

律令制のもとで「東山道」（当時の「道」は道路の意味のほかに行政単位でもあった）に属する美濃国は、壬申の乱以後も東西の境にあってヤマトの重要な軍事・政治拠点だった。尾張国も東西の境界線に位置しているが、こちらが属していたのは「東海道」。東海道は平坦なわりに大きな河川が多く兵の移動が不便だったため、尾張は軍事拠点というより、どちらかといえば肥沃な土地を生かした農業大国として重く扱われた。

東山道は東西を結ぶ重要な幹線道路として、軍隊が速やかに大量移動できるよう整備されていった。なかでも有名なのが8世紀初頭の吉蘇路（岐蘇山道）の開削で、東山道の本道だった険隘な神坂峠を越えるルートとは別のルートが誕生し、東西の行き来がしやすくなった。こうして東山道の整備が進み、行政単位としての「東山道」の重要性が増していくことになる。それまで美濃・信濃・尾張・三河は、行政単位が違っても同グループと見られていたが、尾張との関係性は薄まり、尾張の勢力も美濃から後退した。美濃が国として力を付けたといっていいだろう。

ちなみに、東山道の不破には東国の謀反を恐れた天武天皇の命で関所も設けられた。しかし大した事件はずっと起きなかった。不破関の存在自体が抑止力になったのかもしれないが、あまりにも維持費がかかりすぎ、789年に廃止されてしまった。

混沌と戦乱の時代に強烈な〝個性〟が活躍！

桔梗を掲げた美濃武士の土岐氏

信長が活躍した時期を県史のハイライトと見る向きもあるのだろう。だが、岐阜の中世は「土岐氏以前以後」という分け方もできる。美濃にとって土岐氏の存在は重要だ。

土岐氏を出したのは、美濃に土着した清和源氏一族の武士団「美濃源氏」。土岐氏は美濃源氏の嫡流として、鎌倉期には一族を結集して強力な武士団を形成した。ところが、承久の乱で幕府に味方しなかったことで没落してしまう。そんななか、幕府に従って例外的に生き残ったのが土岐光衡の長男・土岐光行。この頃から土岐氏は美濃源氏とは明確に分かれ、歴史の表舞台に登場してくる。

南北朝期になると土岐氏は足利尊氏につき、室町幕府のもとで美濃守護となった。そして第6代当主の土岐頼康が美濃・尾張・伊勢と3国の守護を兼任し、一族は全盛期を迎える。頼康は家紋にちなんで「桔梗一揆」と呼ばれる強力な武士団を擁し、幕府の重鎮としても一目置かれる存在だった。

ところが頼康が死去すると、土岐氏に暗雲が立ち込める。足利3代将軍の義満は、強い守護の力を弱めようと土岐氏の領地を削った。怒った土岐氏は幕府に反抗するが失敗。最終的に美濃一国を支配するのみとなった。さらに応仁の乱で土岐氏の当主が京で活躍する最中、美濃で確固たる地位を築き上げたのが守護代の斎藤氏。時の斎藤妙椿（みょうちん）は守護の土岐氏を超える力を手に入れることに成功する。これを最初の下剋上として、のちに出現した斎藤道三によって、北条早雲と並ぶ戦国期最大の下剋上劇は完成する。

斎藤道三の実像とその意志を継いだ信長

斎藤道三といえば、司馬遼太郎の『国盗り物語』を思い浮かべる。同作では、

岐阜県の主な歴史（中世）

	事柄
1338年	南朝方の北畠顕家が土岐頼遠を青野ヶ原で破る
1360年	土岐頼康が美濃・尾張・伊勢3国の守護になる
1411年	飛騨の姉小路尹綱、広瀬常登が挙兵するも敗死
1467年	応仁の乱で美濃国守護の土岐成頼が西軍に属す
1495年	船田合戦が起こり、斎藤妙純が勝利
1496年	城田寺合戦が起こり、斎藤妙純が勝利
1535年	美濃で内乱が起こり 守護の土岐頼武が追放される
1544年	土岐頼武を助け 朝倉・織田の軍勢が美濃に侵入
1552年	斎藤道三が土岐頼芸を追放
1556年	長良川の戦いで斎藤義龍が父・道三を討つ
1566年	羽柴秀吉が墨俣城砦を築く
1567年	織田信長が稲葉山城を占領
1575年	信長が家督を信忠に譲って岐阜城主に据える
1585年	金森長近が三木氏の飛騨松倉城を落とす
1586年	長近が飛騨国主として入府
1587年	長近が浄土真宗の拠点である白川郷照蓮寺を 高山に移すことを決める
1588年	大垣城の天守が完成
1600年	関ヶ原の戦いが起こる

※各種資料より作成

油売りから美濃国主に上り詰める道三の一代記が描かれているが、道三の実像は近年の研究でだいぶ様変わりしている。今では美濃の国盗りは、古文書『六角承禎書写』により、道三と父の二代で成し遂げられたことが有力な説になっているのだ。

道三の父は西村新左衛門尉といい、幼くして僧となり、油売りとなって全国を回った。やがて美濃の長井長弘に仕え、その家臣である西村家の名跡を継いだ。ここまでが父の事績で、その後を道三が継ぎ、長井家、斎藤家という守護代家を乗っ取り、主君である土岐頼芸を追放して国主となった。道三は父が長井家に仕えてから生まれたので、最初から武士の出であり、油売りではなかった。となると道三の事績を「最大の下剋上」というには適切ではないかもしれない。ただ、「まむし」といわれて、次々と主家を食って出世していく肉食系の野心家・斎藤道三は、混迷の戦国期を最も象徴する魅力的な武将といえるだろう。

その後、道三は、彼に心から服従していなかった旧土岐氏の家臣団を率いた息子の斎藤義龍に討たれた。この義龍は道三の実子ではなく、追放された土岐頼芸の子だったという説もあるが、話としてはちょっと出来過ぎのような気がしないでもない。

道三は死ぬ間際に織田信長に美濃国の譲り状をしたためた。しかし信長は、義龍の存命中には美濃を手に入れることはできなかった。義龍は戦略・戦術眼に優れた名将であり、堅固な稲葉山城も相まって、簡単に攻略することができなかったのだ。美濃を攻略したのは、暗愚だった義龍の子、龍興の時代になってからである。

斎藤家に代わり、ようやく美濃を治めることになった信長が、義父（信長の正室は道三の娘）・道三の意志を継いで行ったのが楽市楽座だ。楽市楽座とは各種特権を持つ商工業者を排除して自由取引市場をつくる、いわば価格破壊を伴う流通革命のこと。最初に楽市令を出した近江の六角氏は、大きな成果を挙げられなかったが、それは特権商工業者を管理して既得権益を貪っていた寺社に踏み込めなかったからである。商人の息子でもあった道三は、国主時代に寺社勢力とも戦っていた。信長ものちに寺社から「仏敵」呼ばわりされるほどの存在となった。道三と信長はどちらも当時としては革新的な思想の持ち主であ

岐阜城は織田信長が斎藤龍興から奪った稲葉山城の曲輪を壊し、新たに造営した城。急峻な山の上に位置するため難攻不落と謳われた

り、だからこそウマが合ったのだろう。

ちなみに信長を本能寺の変で討った家臣の明智光秀は、土岐氏の支流の出で(生まれも美濃という説が濃厚)、家紋は土岐氏の水色の桔梗紋を使用していた。その後、土岐氏の桔梗紋は謀反人の家紋として嫌われてしまったという。

隣の尾張が目の上のたんこぶ!? あおりを食って低迷する江戸期

豊臣家滅亡で美濃の扱いに変化が

東西の勢力が拮抗してこそ、岐阜の価値がおのずと高まるというのは、歴史が証明している。

豊臣秀吉の死後、その子の秀頼を奉ずる石田三成の勢力と、徳川家康を中心とする勢力の対立が激化し、ついに1600年、両勢力が関ケ原で激突したが、その前哨戦が中濃で行われている。中濃には織田信長の孫にあたる岐阜城主の織田秀信など西軍に加担する武将も多く、西軍は犬山城、岐阜城、竹ヶ鼻城、大垣城を防衛ラインと想定し、東軍の動きに備えていた。ところが、岐阜城と竹ヶ鼻城はあっけなく東軍に落とされてしまう。その後、東軍が大垣城の北を通って関ケ原から佐和山方面に進軍する動きを見せたので、関ケ原が決戦場になったのである。

関ヶ原の戦いはたった1日で終了し、東軍が勝利した。家康は美濃国およそ60万石のうち、西軍に味方した武将の領地33万石あまりを没収して譜代の家臣に与えた。天下をほぼ手中に収めたとはいえ、大坂城には秀頼が健在で、豊臣恩顧の武将も西に大勢残っていたため、家康は東西の境界にあたる尾張と美濃を西の前線基地として重要視したのだ。さらには信頼できる家臣の奥平信昌を加納城主に、四男の松平忠吉を尾張清洲城主に配置して西国の抑えとした。また、腹心の大久保長安を美濃国奉行とし、美濃の統治と開発を委ねた。すごい念の入れようである。

しかし、豊臣家が滅亡すると西の脅威が消滅。美濃の戦略的意義は薄くなった。それに合わせるかのように、加納藩の奥平氏はお家断絶、さらに尾張藩が美濃内に多くの所領や支藩を得て、幕府に代わって美濃を統治する役目を負った。こうして美濃は小藩、天領、旗本領が入り乱れた、まるで「モザイク国家」のようになった。例外的に大垣には10万石で戸田氏が入封したが、こちらは治水を重視した配置だったという（戸田氏は治水の巧さに定評があった）。

一方、飛騨は金森氏の一元支配が続いていたが、鉱山・林業経営に目を付けていた幕府が、金森氏に出羽国上山藩への転封を命じた（のちに郡上藩に再転封となったが郡上一揆の責任をとって改易）。これ以降、飛騨は天領となり、幕府支配は幕末まで続いた。

平野部は洪水に山間部は一揆に苦しむ

さて、近世の幕藩体制下で混沌とした岐阜は、平野部の美濃と山間部の飛騨で、それぞれに課題や問題を抱えた。

平野部最大の課題は治水だった。木曽三川は重要な交通・輸送手段だったが、洪水も頻発し（親藩の尾張藩側に築かれた大堤防のせいで美濃側に余計に水が流れ込んだ）、治水工事は必要不可欠だった。元禄期、新田開発による遊水池の減少や川床の上昇で、輪中では洪水が相次いだ。とくに揖斐川沿いで頻発し、その対策として木曽三川分流工事が検討された。幕府はお手伝い普請（幕府が

岐阜県の主な歴史（近世）

	事柄
1609年	美濃国奉行の大久保長安が検地を実施
1612年	尾張藩美濃国領が成立 木曽川が濃尾の境界線となる
1615年	江戸幕府が木曽山・裏木曽山・七宗山を尾張藩に付与
1632年	飛騨・越中国紛争が起こる
1650年	美濃国一円が大洪水(大寅洪水)
1667年	郡上八幡で城下町整備が進む
1692年	江戸幕府が飛騨を直轄領に編入 金森氏は転封
1695年	江戸幕府が高山城の取り壊しを決定
1697年	出羽上山に転封になっていた金森氏が 郡上八幡へ再転封
1705年	高富藩が設置される
1730年	京都西陣の職人が岐阜に移住し、 縮緬製造の技法が伝わる
1753年	薩摩藩が宝暦治水工事を開始
1771年	飛騨で大原騒動が起こる
1851年	大垣藩で小原鉄心が藩政改革に着手
1865年	大垣藩が第二次長州征討で 長州軍を撃退

※各種資料より作成

大名に手伝いを命じた公儀普請）で陸奥二本松藩に工事を命じたが、費用を負担しただけで分流工事は行われなかった。本格的な工事は、1753年に薩摩藩のお手伝い普請で行われた（宝暦治水）。この大工事は想定外の総額40万両にも達し（すべて薩摩藩の負担！）、多くの犠牲が出たために、薩摩の工事責任者が工事後に切腹して幕府に抗議したほどだった。ただ、薩摩藩のおかげで下流域での水害は減少したが、今度は中上流部で水害が増加。治水事業は江戸時代を通しても完了することはなかった。

一方、飛騨では旧来のシステムで生きてきた農民（山の民）が、新たな幕藩体制のシステムに反抗してよく騒動を起こした。有名なのが1771年から断続的に起きた大原騒動（明和・安永・天明の3期に分かれる）。財政危機にあった幕府の都合で、金森支配時から行われてきた元伐制度（木の伐採量をお上が決め、その費用を銀子や米や塩などで村々に貸し付ける制度）が中止され、検地のやり直しが言い渡されたのをきっかけに、田んぼをほとんど持っていない飛騨の農民は「年貢が厳しくなる」と中止を求めて一揆を起こした。騒動は18年間も続き、安永の一揆では1万人近い農民が処罰されてしまった。また、

秀吉の軍師だった竹中半兵衛の子・竹中重門が築いた江戸時代の陣屋。見た目は城だが、竹中氏が旗本だったため陣屋と呼ばれた

飛騨ではないが、美濃北部の郡上藩でも1754年から大規模な農民騒動「郡上一揆」が発生している。

米本位経済の江戸時代において、米づくりが困難な山国の飛騨や郡上は、決して豊かとはいえない地域だった。一方、平場の美濃の農民は洪水の恐怖を抱えて暮らしていた。双方の民に強い自衛意識が生まれたのは必然だったのだ。

地域の猛烈アピールで面倒くさいことになった近現代

バラバラ過ぎる岐阜の近代

山また山の飛騨では、山間部の谷間に集落が作られた。そして川また川の美濃の低湿地帯には、多くの輪中が作られた。いずれも閉鎖的な岐阜の地域性を象徴する共同体だが、実際には飛騨では昔から近隣の村々とのコミュニケーションは積極的にとられてきた。もちろん集落間の対立はあったが、手も取り合っていた。そうでなければ大規模な農民騒動なんて起きていないはずだ。一方、水防（堤）の件で揉めていた輪中も排他的で輪中間は仲が悪かったといわれるが、実際はそんなこともない。たとえば江戸期から明治期にかけて輪中間の婚姻はそこそこ頻繁に行われた。まあ、輪中は小さな集落だから、ずっと内部で

岐阜県の主な歴史（近現代）

	事柄
1868年	笠松県と飛騨県(高山県に改称)を設置
1871年	廃藩置県で美濃に12県が成立 高山県は信濃の一部と合併して筑摩県になる
1872年	美濃の諸県を廃して岐阜県が成立
1876年	筑摩県を廃して飛騨3郡が岐阜県と合併
1889年	岐阜市制施行
1891年	濃尾地震発生
1917年	各務原飛行場開設
1934年	高山線開通
1945年	各務原、岐阜、大垣がB29の空襲を受ける
1956年	岐阜市が赤字再建団体に指定される
1959年	伊勢湾台風上陸
1964年	東海道新幹線が開通し、岐阜羽島駅開業
1966年	岐阜県新庁舎完成
1975年	中央自動車道が中津川まで開通
1976年	9.12水害発生
1995年	白川郷・五箇山の合掌造り集落が 世界遺産に登録決定
1996年	神岡でスーパーカミオカンデによる観測開始
2005年	長野県山口村が中津川市と越県合併

※各種資料より作成

婚姻を続けるわけにもいかないのだが。

と、近世において美濃・飛騨内部で「横」の連携は意外とあった。しかし、2つの地域の「縦」の連携や人的交流は少なかったといわざるを得ない。とくに飛騨は、映画『あゝ野麦峠』で飛騨の若い娘たちが岡谷の製糸工場に向かったように、信濃、あるいは北陸との関連性が強かった。それでも美濃と飛騨は、明治維新後の廃藩置県で最終的に合併して岐阜県となった。そして両地域の地形的な違いは、そっくりそのまま県議会での対立を生んだ。山間部出身議員による山岳派と、水害地帯出身議員による水場派が県議会で論争を繰り広げたのである。水場派は治水予算の計上に躍起になり、水害とは無縁の山岳派は別の予算を計上しようとした。しかし、あちらを立てればこちらが立たずで議会は紛糾（どちらかといえば美濃優位だったらしいが）。予算を増大して両派の予算を均衡させることで決着をつけた。だが、このバランスが崩れるとまた議会は紛糾。両派は中央に陳情へ行ったりするなど暴走していった。

さらに1883年の東海道線開通に端を発する鉄道敷設の問題では、当初は反対運動も起きたものの、やがて鉄道が開通した街の繁栄を目の当たりにすると各地で誘致運動が相次ぎ、地域間の利害対立に企業の利益も絡み合って大問題になった。このように誕生してからバラバラな状態の岐阜をなんとかまとめ上げていたのが、県下の上流階級の支持を受けた第3代県令の小崎利準だった。しかし、1891年の濃尾地震の処理で馬脚を現す。家屋倒壊や火災で多数の死傷者が出たにもかかわらず、小崎県令は国からの補助金150万円から10万円しか救済費に充てず、残りを木曽三川の堤防修理費に使ったのだ。また、救済費を請求しようと知事に面会を求めにきた被災者を暴動と称して鎮圧。さらに震災復旧作業では官吏の不正処理も見つかってもはやボロボロ。濃尾震災の処理で岐阜の県民性や地域性は露わになったが、農民は窮乏化し、人口は流出した。苦しんだのは多くの一般県民だった。

ピンチになっても一枚岩になり切れない

さて、なんでもバラバラで国が奨励した殖産興業もあまり進まなかった岐阜だが、大正期になるとようやく大企業の工場進出が進む。名古屋や関西の電力

小説家や劇作家として知られた坪内逍遥は美濃加茂出身。岐阜県出身者には文化人も多く、とくに演劇界の逸材を輩出している

需要をまかなうために水力発電所も造られ、農業県だった岐阜に遅ればせながら工業化の波もやってきた。しかし、昭和初期には恐慌により、県内の金融、産業が大打撃を受ける。とくに基幹産業の農業は多くの農家の経営が立ち行かなくなるほどの危機に陥った。

続く太平洋戦争では岐阜市や大垣市など主要都市が米軍の空襲で焼け野原となったが、戦災復興はなかなか進まなかった。被災した土地を持っていた地主が高い地代を要求したため、住んでいた場所に戻れなかった被災者も多かったのだという。ここでもまたまた利害が絡んで面倒くさいことになった。とどのつまり、岐阜の近現代は、やっぱり県民性や地域性抜きには語れないのである。

岐阜県コラム 2

あの傾奇者の元祖は土岐氏!?

小説家、隆慶一郎の時代小説『一夢庵風流記』に描かれるのは、前田利家の兄・利久の養子にして「傾奇者」といわれた前田慶次郎である。その前田慶次郎を一躍有名にしたのが、同作品を漫画化した『花の慶次』だ。漫画は史実と異なる設定だが、そこで描かれる前田慶次郎の、従来の戦国武将像から大きくハミ出した姿はとても印象的だ。漫画（それとパチンコ!?）によって前田慶次郎は歴史ファンのみならず、一般人に対しても認知度を上げたが、それと同時に「傾奇者（かぶきもの）」という言葉も知られるようになった。しかし「傾奇者」は何も前田慶次郎の専売特許ではない（かの織田信長も超が付く傾奇者である）。

戦国末期から江戸初期、派手な装束を身につけて奇抜な振る舞いをすることを「傾（かぶ）く」といったが、その当時、風変わりな言動をする者は「傾奇者」といわれた。時代によっては「バサラ」（無遠慮・乱暴・派手・ケタ外れなどの

意味）なんていう呼ばれ方もしたが、実は前田慶次郎が活躍する戦国期以前に、美濃では「バサラ大名」と呼ばれた武将がいた。南北朝期に活躍した美濃守護の土岐頼遠である。

頼遠は勇猛果敢な武将で、南北朝の争乱期に北畠や新田との戦いで超人的な活躍を見せる。幕府軍が総崩れのなか、50万騎の敵になんと１０００騎で突っ込み、奮戦して一躍武名を上げた。漫画の慶次も真っ青のスーパーな猛将ぶりだ。

しかしそんなバサラな頼遠も、その最後は残念ながらかなりトホホだった。時は１３４２年9月6日、大酒を飲んで酔っぱらって光厳上皇の行幸に出会った頼遠は、下馬をせずに上皇の乗った牛車を蹴倒し、さらに犬呼ばわりして矢を射掛けるというとんでもない狼藉を働いたのである。もちろん許される行為ではなく、酔いが覚めて我に返った頼遠もそれをわかったようで、事件を起こした京都から美濃にそそくさと帰ってしまった。しかし幕府から厳罰の命が下り、助命嘆願したものの、願い虚しく六条河原で斬首にされてしまう。幕府も有能な武将の頼遠を死罪にしたくなかったようだが、さすがにそれでは周囲にもシメシがつかなかったんだろう。

さて、土岐氏当主の頼遠は、土岐郡から長森庄（現在の岐阜市）に本拠地を移し、長森城を整備して居城とした。その後、長森城は廃城になったが、１８０３年に同地に切通陣屋が築かれた。その切通陣屋跡は今も岐阜市内に残っている（91頁の写真）。

第3章
岐阜県って
どんなトコ？

飛山濃水！まったく異なる国が1県に並立!?

統一感がない岐阜県の風土

岐阜県の行政区分は、大きく飛騨と美濃に分かれ、美濃はさらに東濃地域・中濃地域・岐阜地域（地元民にいわせればここも中濃地域らしいが）・西濃地域に分かれている。東濃や美濃北部にも険しい山はあるが、基本的には「飛山濃水」。飛騨山脈を境に山間部の飛騨と平野部の美濃という分け方をするのが一般的である。

ここまで「歴史」や「美濃VS飛騨」の項で、クドいくらいに「飛山濃水」は取り上げてきた。まずはここを突っ込まないと岐阜の話が始まらないからだが、この2つの地域の母体は旧飛騨国と旧美濃国で、「国」が違うから文化も

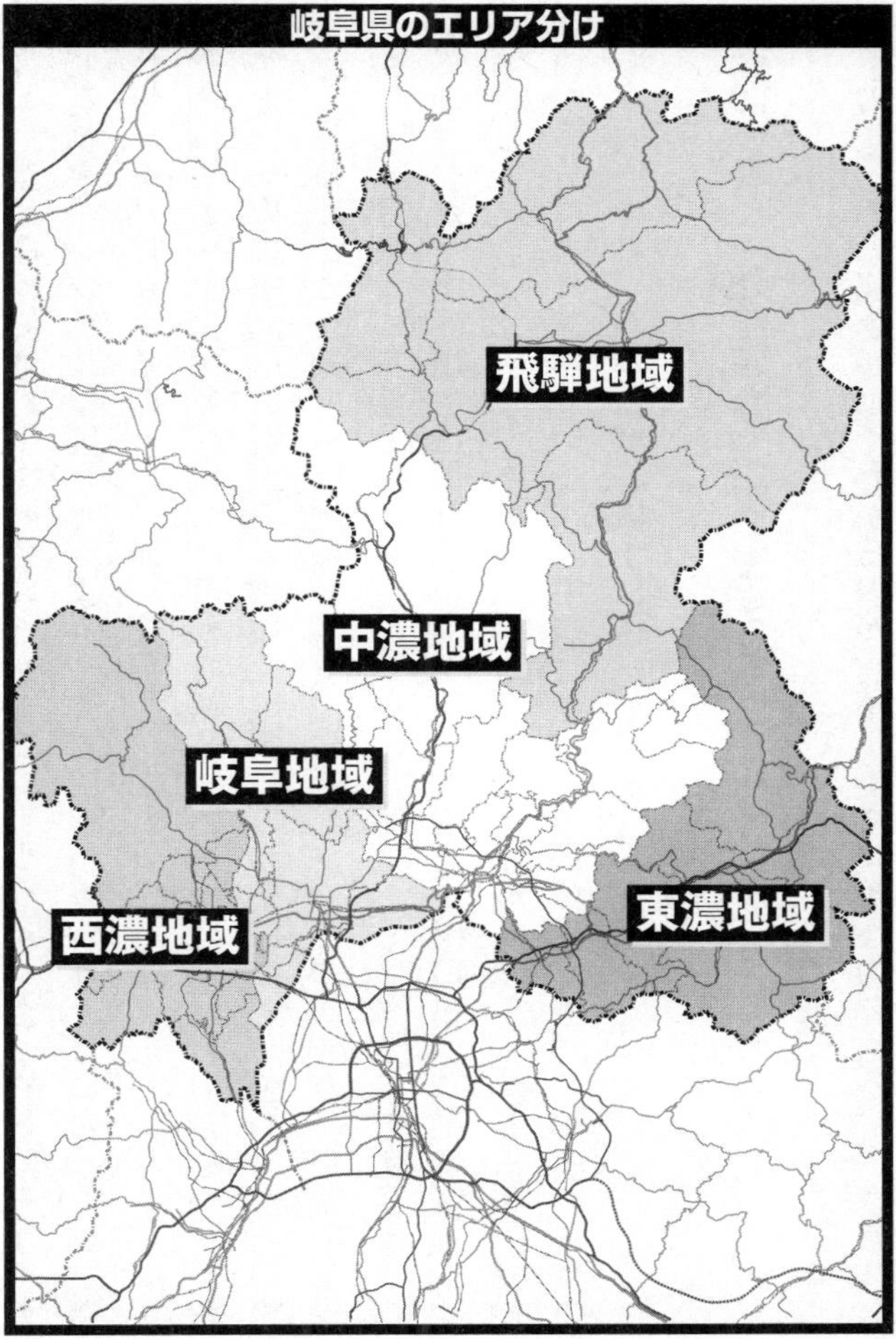
岐阜県のエリア分け
飛騨地域
中濃地域
岐阜地域
東濃地域
西濃地域

違うし、昔は山が交通を阻害していたから交流も少なかった。岐阜県となって南北を結ぶインフラが整備され、ようやく交流が持たれるようになったが、濃飛合併に必然性があるのかどうか、意見も分かれたようである。

飛騨はもともと筑摩県に属し、昔から信州、あるいは北陸との結びつきが強かった。一方の美濃は、昔から名古屋（尾張）との結びつきが強かったものの、交通の要衝だったため、近隣地域との交流に関してはやや複雑だ。中濃南部は完全に名古屋圏で、東濃も「名古屋の植民地」呼ばわりされるほど名古屋との関係が深いが、中津川では信州の影響が見られるし（山口村が越県合併したくらいだし）、三河の影響も少なからずある。西濃もあえていえば名古屋圏だが、関西が多分に入り込んでいる。さすが日本のへそだけに、あっちを向いたりこっちを向いたり。だから県の風土に統一感が無いのだ。

地域によって言葉も気質も違う

その統一感の無さがよくわかるのが言葉。実に複雑なのである。

まずは「美濃弁」。オーソドックスな美濃弁が使われている地域は中濃である（中濃でも郡上の美濃弁は飛騨弁に近いけど）。美濃弁は方言の種類でいうと名古屋弁と一緒（分類でいうと中部方言）で、語尾は名古屋弁と違うものの、アクセントや単語はわりと似ている。また、西濃も美濃弁エリアだが、こちらでは若干関西色が強くなり、一部（関ケ原や養老）では関西式のアクセントや単語も使われている。一方、東濃の言葉は美濃弁でも「東濃弁」として区別され、こちらでは三河弁や信州弁の影響も見てとれる。たとえば東濃では命令や確認の意味で語尾によく「～やら」をつけるが、信州でも同じような意味で語尾に「～ら」とつけたりするのだ。

対して飛騨で使われる「飛騨弁」は、単語が関西寄りでアクセントが関東寄りだ。飛騨の中心地の高山は京文化と江戸文化が交じり合った地。言語の中に関西と関東が交じっていても何ら不思議はない。さらにイントネーションが北陸方言に近い。飛騨弁も美濃弁と同じく中部方言の仲間だが、北陸地方との結びつきの中で、そのイントネーションが広まったのかもしれない。いずれにしろ筆者には関西弁にしか聞こえないんだけどね。

また言葉だけじゃなく、気質にも地域差がある。美濃人は超保守的で、人を信用せず、したたかで打算的な性格だといわれる。排他的集落である「輪中」が、美濃人の保守的で自分本位な気質を形成する要因になったとされるが、飛騨人に「ガメつい」といわれるほど打算的でしたたかな性分は、金銭的にシビアでズル賢い名古屋人相手に商売してきて身に付けたもの、という説もある。対して飛騨人は頑固で引っ込み思案。プライドが高く、実直勤勉、律儀で上下関係にもうるさいといわれる。山国という厳しい環境がそうさせたのかもしれないが、実は北陸で最も結びつきが強い富山人の性格（実直で素朴で負けず嫌い）とよく似ているのだ。お互いに他地域との交流が気質形成に多少影響しているのかもしれない。

近隣地域の影響を善かれ悪しかれ受けている美濃と飛騨。そのくせ、最も近い者同士が影響されないってのは、どーなのよ⁉

隣接他県の影響を受けて食文化も多種多彩

まるで岐阜は食の見本市!?

東京で岐阜に行くという話をすると、おみやげによく「飛騨牛」を頼まれる。さらに行った先で飛騨牛を食べるもんだと勝手に思われ、うらやましがられる。そんな高級品なんて、筆者のようなビンボー人には……（涙）なのだが、一般的には岐阜のおみやげや美味しいモノといったら、飛騨牛と相場が決まっているようである。

飛騨牛は、東京じゃステーキで100グラム5千円～なんて店も少なくないブランド牛肉だが、地元では激安を売りにしている店もあり、実際にはピンからキリまである（ビンボーな筆者でも十分に手が届く！）。というのも、飛騨

主な岐阜グルメ・郷土食

朴葉味噌	各務原キムチ
朴葉寿司	奥美濃カレー
飛騨牛	栗きんとん
漬物ステーキ	鮎・川魚料理
けいちゃん	美濃加茂やきそば
高山ラーメン	へぼ飯
明宝・明方ハム	五平餅
赤カブ漬け	ころ煮

※各種資料より作成

牛は基準がけっこうユルいのだ。

飛騨牛というと、当然飛騨で飼育された牛を想像するが、実は岐阜県内で飼育（14カ月以上）された黒毛和牛で、肉質がそれなりに良ければ（3等級以上）、飛騨牛を名乗れてしまう。美濃で育てても飛騨牛とはこれいかにだが、飛騨の畜産関係者もなかなか器が大きい。でもまあ、懐事情に合わせて食べられるのはありがたいが、ランクが下の飛騨牛を高い値段で出されるなんてこともあるわけで、もうちょっと地元の財産を大事にしてもいいような気もするが。

さて、飛騨でその飛騨牛とセットの

名物が朴葉味噌である。だがこの朴葉味噌を使った料理、高山で聞くと「家じゃほとんど食べない」とのこと。逆に家庭の味は「漬物ステーキ」で、味付けなど調理の仕方は家庭によって違うが、よく食卓に上るという。実際に食べると、飛騨の地域性を痛感させられる味だった。地元民には普通なのかもしれないが、鉄板に乗ったアツアツの漬物（白菜と赤カブ）は、卵でとじられてはいたものの、かなりしょっぱい。日本酒のアテにピッタリな味で、いかにも極寒の山国らしい。飛騨の料理は、味噌の甘さといい、漬物のしょっぱさといい、味のコントラストが比較的ハッキリしており、お隣の信州によく似ている。とはいえ、「そば」と聞いて思い浮かべるのが信州は日本そばで、高山はラーメンという違いはあるけどね。

と、ここまで飛騨の食べ物の話ばかりしてきたが、岐阜は飛騨に限らず食文化は多種多彩。その理由は各地の食の混在にある。まるで日本の食の見本市なのだ。たとえば県内では、名古屋の「稲荷寿司」と京都の「鯖寿司」はどちらも広くつくられている。さらに飛騨、東濃、中濃などの名物「朴葉寿司」は、地域によって作り方や具材が異なる。また食材にしても、海産物は飛騨が日本海産で美濃が太平洋産だったり、調味料の味噌では、飛騨が白（米）味噌系（けいちゃんなどには赤味噌を使うが）で、美濃は赤味噌系だったりと、東西南北の食文化が絶妙に交じり合い、それが各地の食になって根付いているのである。さらに雑煮の調理法に関していえば、ちょうど岐阜は、餅が角餅か丸餅か、汁がすましか味噌かの境界線。県内は基本的に角餅・すまし汁地域（東日本型）だが、餅は西日本のように丸餅を使う地域も一部にあり、境界線だけに曖昧で、どちらの食べ方も存在している。

そう考えると岐阜は、さまざまな地域の食文化をごちゃ混ぜにした、ある種バトルロイヤル的なメニューが生まれてもおかしくない面白いグルメエリアともいえるだろう。だが保守的な土地柄か、B級・ご当地グルメにチャレンジ精神あふれる珍フードがあまり見られないのはちょっと残念。だがそのなかでも、一見して魚肉ソーセージと見まがう郡上の地元グルメ「明宝ハム」は、個人的なお気に入り。ドイツ流の本格的なハム作りなんてどこ吹く風で、昔ながらの日本流のプレスハム作りに頑なにこだわっている。郡上名物が鮎に日本流ハムというのは、いかにもカオスな岐阜らしいよなあ。

平和な飛騨と荒ぶる美濃 治安の善し悪しはハッキリ!?

ヤンキーが生まれる環境が整っている岐阜

大野町に日本の（というより日本にしかいないが）ヤンキーファッションを確立したアパレルメーカーがある。同メーカーから発売された犬のキャラクターが描かれたジャージ風の服（GA○FY）は、ヤンキーのみならず、そっち系の人たちの御用達の服になっている。ストリート風というにはビミョーな金黒のジャージも定番化しており、ヤンキーファッション業界における同メーカーのシェアは80パーセントにも上るという。

岐阜でヤンキーファッションの聖地となった背景には、メーカーの発想力や開発力もあろうが、そもそも地元にヤンキーが多かったこともあるだろう。身近にヤンキーがいなければ、その生態もわからず、彼らの琴線に触れる服なんて作れないはずである。先述の犬ジャージにしろ、「ヤンキーの心はピュア」だという社長（デザイナー）が、愛らしい犬をデザインに取り入れて大ヒットさせたものだという。普段からヤンキーの生態を観察できたことが、大ヒット商品を生み出したといえるだろう。

前置きは長くなったが、昔から岐阜はヤンチャな若者が多いといわれてきた。確かに岐阜はヤンキー地域の特徴をバッチリ備えている。ヤンキーといえば茨城や群馬など北関東が有名だが、どこも保守的で地元意識が濃厚。対抗心もやたら強い。超ド田舎もあるが大都会も近く、そこそこ街が開けているため若者がたむろできる遊び場にも事欠かないなど、グレる環境が整えられている。一方の岐阜も保守的、排他的な気質で地元志向が強く、地域内の結束はメッチャ強い。田舎だが名古屋圏だけに開けた街もそこそこある。また、名古屋圏の人たちは運転の荒さに代表されるように、気が荒くてガサツだ。つまり、暴走族や不良グループは生まれるべくして生まれたといってもいいだろう。

ただ、地元（美濃地方）で話を聞くと「悪いニイチャンはまだいるけど、だ

美濃と飛騨の主な警察署別犯罪データ（2017〜19年）

	警察署	認知件数	検挙件数	検挙率	検挙人員(少年)
2019年					
美濃	岐阜中	1,382	589	42.6%	418(46)
	岐阜南	866	306	35.3%	201(19)
	岐阜北	1,039	388	37.3%	235(22)
	各務原	1,144	348	30.4%	224(35)
	大垣	1,323	430	32.5%	280(21)
	多治見	1,011	472	46.7%	279(16)
飛騨	下呂	100	58	58.0%	19(0)
	高山	331	108	32.6%	59(1)
	飛騨	45	20	44.4%	14(0)
2018年					
	警察署	認知件数	検挙件数	検挙率	検挙人員(少年)
美濃	岐阜中	1,430	490	34.3%	305(37)
	岐阜南	987	270	27.4%	195(11)
	岐阜北	1,052	295	28.0%	183(17)
	各務原	1,124	759	67.5%	195(32)
	大垣	1,457	516	35.4%	302(26)
	多治見	1,042	362	34.7%	275(15)
飛騨	下呂	92	45	48.9%	31(1)
	高山	344	133	38.7%	96(2)
	飛騨	44	19	43.2%	7(0)
2017年					
	警察署	認知件数	検挙件数	検挙率	検挙人員(少年)
美濃	岐阜中	1,532	520	33.9%	329(52)
	岐阜南	925	249	26.9%	189(30)
	岐阜北	1,105	356	32.2%	176(16)
	各務原	1,351	309	22.9%	223(30)
	大垣	1,789	678	37.9%	337(39)
	多治見	1,274	483	37.9%	243(12)
飛騨	下呂	116	61	52.6%	31(3)
	高山	311	151	48.6%	100(13)
	飛騨	42	9	21.4%	8(0)

※岐阜県警察犯罪統計参照

いぶおとなしくなっている」という。「治安も悪くないよ」という声も案外多かった。どうやら岐阜の若者に変化が出てきているようなのだ。岐阜県警が発表している「少年非行の概況」を見ても、非行少年＋不良行為少年の数は、2019年で1万234人。「1万人もいるのかよ！」というなかれ、わかる範囲でいえば2008年にはなんと5万8064人もワルがいた。それがここ10年ほどで5分の1以下にまで激減しているのだ。その理由は若者の価値観が変わったことも大きいのだろうが、2002年から岐阜では「マナーズ・スピリットリーダーズ活動」という非行防止・規範意識の啓発活動に、高校生が自発的に取り組んできた。その成果も出ているといえそうだ。

検挙率は改善されたが地域差もあって……

そんな不良少年の減少に合わせるかのように、刑法犯の認知件数も減少している。2019年の刑法犯認知件数（岐阜県犯罪統計調べ）は1万2857件。8年連続で減少しており、10年前と比べればほぼ半減。2019年は検挙率も

37・3パーセントと、ほぼ全国平均（37・9パーセント）をクリアしている。25〜27パーセント程度で推移していた2011〜14年と比べればだいぶ改善されている。ただ。この検挙率に関しては県内で地域差がある。105頁の表は、美濃地方と飛騨地方の主要都市の主な警察署だけをピックアップしたデータで、認知件数は人口に比例してバラバラだが、それにも増して目立つのは検挙率のバラツキ。2019年は県平均の検挙率の高さに比例して、全体的に検挙率が高めだが、各務原警察署は30・4パーセント、大垣警察署は32・5パーセントで、県庁所在地である岐阜市の3警察署に比べて検挙率は低い。ただ各務原警察署は2018年の検挙率が67・5パーセントと超優秀で、年によるアップダウンが激しいという特徴もある（優秀だった年の翌年は気を抜いているわけではないだろうけどね）。まあ2013年の各務原警察署の検挙率は13・7パーセントしかなかったので、現状はだいぶ改善されたのだが……。また、金津園を管轄とする岐阜南警察署の検挙率はかつては20パーセントを切っていたが、35パーセント程度に改善。風紀的に問題のあるエリアは重点的に治安対策をとっているということかもしれない。

こうした美濃地方の主な警察署の状況に対して、飛騨地方の警察署は比較的検挙率が高め。飛騨警察署の2017年の検挙率（21・4パーセント）はいただけないが、下呂や高山警察署はなかなか優秀だ。この2地域は著名な観光地だけあって観光客も多い。つまり、観光客が安心して歩ける観光地を目指して進めてきた治安対策が実を結んでいるのだろう。

こうして認知件数や検挙率を考慮すると、荒ぶる美濃と平穏な飛騨という図式も成り立つ。ただ岐阜県全体では、自動車盗やひったくり、すりといった「重要窃盗犯」が相変わらず多く、検挙率も年ごとにバラバラで、この点は課題もある。そしてさらに心配なのが重要犯罪（殺人、強盗、放火、強制性交等、略取誘拐等、強制わいせつ）の増加であろう。重要犯罪の認知件数は2017年までずっと減少していたが、2018年以降増加している。ただ、重要犯罪の検挙率の面では、2013年に60パーセントを割り込んでいたが（これは怖い！）、2016年以降は80パーセント台で推移している。これは救いだろう。

学業もスポーツも地元志向が岐阜の強み

地元大学への進学熱が高い!?

地方では大学進学を希望する高校生の「地元志向」が強くなっている。その理由は「親の経済的負担の軽減」だそうだ。大学進学は入学金、授業料など金がかかる。しかも、ひとり暮らしとなれば経済的負担はさらに増す。ならばと、実家から通える大学（国公立）を目指す若者が増えているというのだ（泣かせるねえ）。ひとり暮らしがしたいから大学に行くというのは、もはやアナログな考え方のようである。また、経済的な負担の他に、友だちや彼女など地元のつながりを大事にしたいという理由で、地元の大学に進む学生も多い。地方の高校生がいわばマイルドヤンキー化しているのだ。そういえば、大学進学を機

都道府県の地元大学進学率ランキング

順位	都道府県	進学率
1	愛知県	71.2%
2	北海道	66.9%
3	東京都	65.7%
4	福岡県	64.9%
5	宮城県	58.4%
39	岐阜県	20.1%

※文部科学省「令和元年度学校基本調査」参照

に上京した岐阜出身者にこんな話を聞いたことがある。

「東京の大学に行くと言ったら、卒業したら地元に戻るんだろうって、当たり前のように言われた。岐阜じゃUターンしないと地元を捨てたって思われたりするんだよね。めんどくさいでしょ」

そんな岐阜県民は地元志向が強い人種といえそうだが、旺文社の「各都道府県の地元大学進学率」（2019年度）を見ると、岐阜県の高校生の地元大学進学率は約20・1パーセント（当頁の表参照）と低い。実はこれにはカラクリがあって、岐阜県内の高校から大学へと進学した学生は、愛知の大学に多く進んでいるのだ。岐阜に魅力のある大学が少ないからだが、実家から通える愛知（名古屋周辺）も、岐阜県民にすれば地元と一緒の感覚なのである。

　ではなぜ岐阜は地元（中京）志向が強いのだろうか？　岐阜や愛知は、製造業を中心に地元の雇用機会に恵まれている地域である。なので地元の大学へ行き、そのまま地元に就職という流れが一般的だ。県内トップの進学校の岐阜高校もそれは例外ではなく、大学合格者数（２０２０年度）を見ても、国公立が岐阜大と名古屋大がトップ２、私立では南山大が３位、名城大が４位にランクインしており、四年制大学入学の地域別割合も東海地方がほぼ半数を占める。超優秀な生徒は東大や京大に進むわけだが、優秀レベルの生徒に、何が何でも関東や関西の有名大学に進むという考え方はないというのがわかる。

　また、岐阜の２０１９年度の大学進学率は約55・３パーセント。これは全国12位でなかなか優秀である。進学熱がもともと高いというのもあるが、学校の学習環境の充実も見逃せない。岐阜の学校では以前からPCの導入に積極的で、ＩＴ教育が非常に進んでいる（校内ＬＡＮ整備率日本一だったこともある）。将来の雇用にもつながる実務教育の一環ともいえるが、こうした環境の良さも学力の向上に寄与しているはずだ。

高校スポーツでは圧倒的に公立高が優位！

また、岐阜はスポーツでも地元志向が強いという特徴がある。高校で運動に力を入れたい岐阜の子どもたちの多くは、県内の公立強豪校に入学するケースが多い。そのため、スポーツの各ジャンルで公立高の活躍が目立っている。

野球では、公立の伝統校である県岐阜商の硬式野球部は、部員のほとんどが県内の中学出身者で占められている。2018年から監督は高校野球界でその名を知られた鍛治舎巧氏が務める。同氏は熊本県の秀岳館高の監督時、中学時代の教え子など全国から優秀な選手を集め、わずか数年で同校を強豪校にしたが、県岐阜商という地元っ子中心の伝統校をどう導くのか注目されている。

高校野球の他、高校ラグビーの強豪の関商工も、地元では「岐阜でラグビーをやるなら関商工」という不文律ができており、毎年県内から多くの入部希望者が集まる。サッカーで有名な岐阜工（笠工）では県内のクラブチーム出身者に加え、愛知からの越境入学者もけっこういる。岐阜工は笠松なので、愛知もいわば地元みたいなもの。愛知とは大学・高校、スポーツもボーダレスなのだ。

姥軍年に開校した伝統校で、岐阜県一の進学校でもある岐阜高校。偏差値は71〜72とハイレベル。当然、生徒全体の学習意欲も高い

岐阜県随一の高校野球の名門、県岐阜商の硬式野球部員は、ほぼ県内出身者で占められている

日本三大○スの名古屋女子と比べてイケてる岐阜女子

名古屋は美人の産地だったんだけどなぁ

岐阜市内を歩いていて何気なく思ったのは、「美人が多い」ということだった。女性の外見に対する評価というのは、どうしても主観が入ってしまうので、筆者の美的感覚を否定されたらそれまでなのだが、失礼にも「意外と」と言ったのは、お隣の名古屋が「三大○ス都市」なんて呼ばれているから。岐阜も名古屋のすぐそばなので……とタカをくっていたのである。

ちなみに「三大○ス都市」なんて不名誉な称号のある都市は、名古屋のほかは水戸と仙台。仙台を除けば徳川御三家で、お国の美人のほとんどが江戸に連れて行かれたからなんて説もある。水戸では徳川が入封する前に当地を治めていた佐竹氏が、秋田移封の際に現地の美人を根こそぎ連れて行き、それが秋田美人になったという「秋田美人茨城起源説」もあり、〇ス都市といわれて悔しい地元にすれば、トンデモ説のひとつも言いたくなるようだ。名古屋も明治〜大正期に日本屈指の美人の産地なんて呼ばれていたから、そこからの評価大急落に「なぜ」という思いは強いんだろうなあ。

さて、日本の美人の産地というと、先の秋田を筆頭に、新潟や石川など日本海側と、福岡や熊本など九州も美人が多いといわれる。日本海側は日照時間が短く女性が色白で美肌、九州は彫りが深く目鼻立ちがハッキリした女性が多い、という理由のようだが、近年は美人度にファッション性も加味されており、たとえば福岡や新潟の女性はオシャレでカワイイと評価も高い。その点でいうと、名古屋女性は派手好きで化粧っ気が強く、ファッションセンスも今ひとつと評価が低い。ただ、某ビューティーコンサルティング企業のデータによれば、メリハリの効いたスタイルの良い女性が多い都道府県で愛知県は第２位。センスはどうあれ、スタイルは良いようだ。

まあ、名古屋というのは何かと目立つし、注目される分、批判の的にもなりやすい。大都市だから人も多く、美人も多いだろうがその逆も多く、必要以上に「〇ス」が強調されているのだろう。

岐阜の女性はスッピン美人⁉

と、前フリはかなり長くなったが、ここから本題の岐阜の女性について。実は筆者の第一印象はもとより、岐阜に行ったことがある、あるいは住んでいる男性に聞くと、岐阜には美しい、カワイイ女性が多いというのである。

岐阜女性の特徴（外見じゃなくね）は、真面目で我慢強く、包容力があるなど男性をよく立てる。その一方、しっかり者で人当たりも良くて世渡り上手。男性に頼らず独立独歩で生きていく強さも備えているという。まあ、人当たりが良いというのは、男性にすれば好印象である（男はすぐ勘違いするしね）。

また、派手に着飾る名古屋女性よりも、センスが良くオシャレで、街中には個性的な雰囲気の女性も目に付く。ミーハーだから流行に敏感なのかもしれないが、岐阜は繊維業が盛んなこともあり、ファッションへのこだわりがもともと

岐阜県の女性の特徴

真面目	しっかり者
我慢強い	包容力がある
気が強い	ミーハー
人当たりが良く付き合い上手	気配り上手

※各種資料より作成

強いのかもしれない。

素材にしても、あくまで主観になるが、原石タイプの女性が多いように思う。美濃から北上するにつれ、都会の女性のような華やかさは感じられなくなるものの、そのぶん化粧っ気が薄いから素材の良し悪しがよくわかる。その点でいうと、美濃より飛騨のほうがスッピン美人が多いように思うのだ。北部の女性が美肌なのは日照量が少ないのもあるだろうが、ポイントは水だろう。岐阜は水の国。岐阜が美人県なのは、キレイな水が豊富だからかもしれない。

一部では、岐阜女性が美人に見えるのも名古屋があってこそで、名古屋女性の影に隠れてアラが目立たない、という辛辣な意見もある。だがその名古屋も最近は美人が多くなったとかなり名誉挽回しているらしい。とすれば、東海地方が美人の産地と呼ばれるようになる日も近い!?

岐阜県コラム

岐阜の裏歴史 3「金津園」

岐阜駅の南口を出て、西に向かって少し歩くと豪勢な建物が建ち並んだ一角が現れる。中部最大のソープ街「金津園」である。

朝になると高校生がさっそうと金津園の脇をチャリンコ（東海地方だとケッタ）で駆け抜けていく光景を目にするが、それくらい金津園は岐阜駅と近い。県庁所在地の、しかも中心駅のすぐそばに巨大なソープ街があるのは珍しい。

だが、もともと金津園は現在の場所にあったわけではない。1888年に西柳ケ瀬にできた「金津遊郭」が前身で、その後、市内での移転を繰り返し、現在の場所になったのは1950年。岐阜大空襲で焼失した岐阜駅南口の紡績工場跡地に、一斉に遊郭が移ることになった。以来、赤線地帯として営業を続けたものの、1958年の売春防止法施行に伴い赤線が廃止され、これを機にソープ街となった。遊郭→赤線→ソープ街という変遷は、日本一のソープ街といわれる東京

の「吉原」と同じである。

ちなみに、金津園は赤線時代の名残で各店舗の広さがほぼ同じ63坪で統一されている。欧州風の目立つ建物にしているのも「赤線とわかるように派手にせんかい！」というお上のご指導の賜物だ（これは全国的な特徴）。また戦後、岐阜市内には赤線（合法）の金津園に対して、青線（もぐりの風俗）の「国際園」も存在していた。国際園は金神社のそばの闇市にドサクサでつくられた娼婦街で、のちに金津園とは国鉄の線路を挟んだ真向いの花園町付近に移転したが、赤線廃止と共に消滅してしまった。とにもかくにも昔の岐阜は春満開の街だったのである。

だが、今の金津園には春のような明るさは

感じられない。 60店舗以上あったソープランドも、現在は50店舗あまりに減ってしまった。その理由は、景気の減退（草食男子が増えて精力の減退もある⁉）やコロナ禍による需要の減少もあるが、警察の取り締まり強化が大きい。暴力団の資金源を撲滅させたい警察が、暴力団となかなか縁が切れずに営業していた店舗を売春防止法違反の疑いで摘発するのだ。ただ、こうした見せしめのような摘発は負の連鎖を生む。建前上、法律に則って営業をしても、アラを見つけられて摘発を受けてしまうなら、と裏風俗に手を染める者も現れる。こうして合法的なソープが勢いを無くし、非合法の裏風俗が隆盛するという本末転倒な結果になってしまった。

清廉潔白な社会というのは、あくまでも理想。社会には残しておくべき「必要悪」があるのだ。

第4章
求心力がない岐阜市と まとまりを欠く周辺都市

タワーばかりの再開発が岐阜をつまらなくする!?

あまりにも対照的なタワーと問屋街

県都・岐阜は繊維の街である。その象徴ともいえるのがJR岐阜駅前に存在している問屋街だ。問屋街のルーツは戦後、空襲で焼け野原になっていた岐阜駅前の繊維工場跡地に、満州からの引き揚げ者が中心になってつくられた闇市である。「ハルピン街」ともいわれた闇市のバラックでは、古着や軍服などの衣料品が集められ、売買されていたという。問屋町としての建設が始まったのは1950年代で、大衆向けの安価な製品を生産販売する繊維業の一大マーケットとして発展。当時は衣料品不足ということもあって、つくればつくるだけ売れたようだ。

岐阜の繊維業界は問屋街と共に発展してきた。だが、多様化するファッション業界のなかで魅力的なブランドを確立できなかったこと、海外からより安価な製品が流入したことで、徐々に衰退していった。現在の問屋街はシャッター街化が著しく進行し、アーケード内は暗く、活気がほとんど感じられない。建物の老朽化もかなり目立つ。度重なる再開発事業によって〝今風〟に生まれ変わったＪＲ・名鉄岐阜駅周辺にあって、うらぶれた昭和の雰囲気が残る問屋街の姿は、あまりにも対照的に映る（逆に目立つんだけどね）。

市が主導する岐阜市街地の再開発事業は、昭和50年代初頭の柳ケ瀬再開発（主に高島屋の出店）を皮切りに、エリアを変えて段階的に行われてきた。１９９６年にはＪＲ岐阜駅の連続立体交差化（高架化）事業が完了。市街地の南北分断を解消して、公共施設の建設や道路整備などを積極的に推し進めていった。さらに鉄道高架下事業の一部として、民間の手による商業施設（ワールドデザインシティ・ＧＩＦＵ）も建設された。また、ペデストリアンデッキの建設と連携した「吉野町五丁目東地区再開発事業」が２００５年に完了。そして２００７年、岐阜シティ・タワー43の竣工で、長年続けられてきた「岐阜駅西地区再開発事業」がほぼ完了した。

とはいえ、ＪＲ・名鉄岐阜駅周辺の再開発はこれで終わりではない。エリアを変えて事業は進行中だし、２０１８年には駅東地区にタワー建築の複合マンション（岐阜イーストライジング24）がお目見えした。その他にも現在進行形で建築中のタワーマンションが街中のそこかしこにあり、岐阜市はタワー花盛りといった印象なのだが……再開発といえばやはり、駅前に広がっている問屋街をどうするのか、その決着は見ていない。

飲み屋街にリノベして成功している一角も

しかし、岐阜駅前の景観がどんどん変わっていくなか、問屋街は一度、再開発の波に飲まれ込まれている。高層複合ビル「岐阜スカイウイング37」が建っている場所は、かつて問屋街の西部南街区だった所である。実はこの再開発で、問屋街の店舗全体を岐阜スカイウイング37に移動させる計画もあったのだ。しかし、問屋街の地権者の意見の集約ができず、また賃貸料も高かったので、ほとんどの店が移転せずにそのまま残ってしまった経緯がある。それ以降も問屋街全体の再開発計画は何度も俎上に載せられ、研究会こそ立ち上がるものの、地権者の利害が絡み合ってなかなか前進せず、「計画はあるが未定」というのが現状。もちろん再開発で問屋街が救えるのかという、そもそも論もあるが、活気が無く静まり返った問屋街の姿を見ると、レトロといえば聞こえはいいが、時代に取り残されて朽ちていく将来が見えてしまう。

筆者は２０２０年、改めて問屋街を歩いてみた。その一角のビルには「不審火があったので警察が巡回しています」という貼り紙があった。不審火はただのいたずらかもしれないので憶測の話はやめたほうがいいが、再開発などに絡むとよく出る話ではある。ただ問屋街の建物は古く、防災基準を満たしていない。完全に朽ちる前に、事業者のためにも何かしらの手を打つべきとは思うが。

その問屋街とは平和通り（金華橋通り）を挟んだ繊維街の一角で、地元民にこんな話を聞けた。

「このあたりも昔は問屋街だったんだが、ひと頃はシャッター店舗ばかりで元気が無かった。けど地元の若者有志がその空き店舗に目をつけて、居酒屋や飲食店を入れて一大飲み屋街にしたんだよ。今じゃ飲み屋の案内所までつくって積極的に人を呼んでる。まあ夜は騒がしくなったけど、地域に活気が戻ったのは良かったよね」

確かに住田、長住、玉宮といったエリアを徘徊してみると、衰退する地方の現状が嘘のようなにぎわいがあった（2020年4月以降はコロナでひと頃のようなにぎわいはなくなったが）。このあたりはすべて問屋街だったというが、旧家屋を活かしたリノベ系の洒落た店が多く、人気店は大勢の客で溢れている。店によって勝ち組と負け組はあるだろうが、駅近という立地条件を考えると、サラリーマンだけではなく観光客も来やすいし、問屋街を飲み屋街に組み込むまちづくりの方向性は正しいように思えた。

「柳ケ瀬からこっちに移転する店も多いというよ。郊外には大きなショッピングセンターもできたし、昔はにぎわっていた柳ケ瀬も今じゃ厳しいよね」

とは先述の地元民。昔の柳ケ瀬は大型店と個人店がひしめき合う中で共に発展してきた素晴らしい商店街だったが、今は関係者が必死に地域振興策を講じているものの際立った効果は見られない。

筆者は昔ながらの歓楽街然とした柳ケ瀬が好きなのだが、駅前を立てれば柳ケ瀬が立たずという現状はもどかしく映る。翻って問屋街のこれからも未定だし、市街地をみんなまとめて元気にするのは難しい。

柳ケ瀬にもタワー！　ホントにそれでいいの？

だがその柳ケ瀬地区では現在、失ったにぎわいを取り戻そうと大規模な再開発事業が進められている。その目玉が「高島屋南地区第一種市街地再開発事業」だ。わかりやすくいうと、高島屋の南側に地上35階、地下1階、高さ約１２８メートル（最高点は約１３３メートル）の複合タワービルを新設するという事業である。建設地にあった店舗の移転も完了。工事も進んでいて、完成は２０２２年９月を予定しているという。

衰退する中心市街の商業地区に新たなランドマークを建設。現在、地方都市でよく見られる光景だが、この再開発は「劇薬」である。目玉になる巨大施設ができると、開業当初は物珍しさもあって、それ相応のにぎわいは生まれる。

ただ周囲がそれに頼り過ぎて何も手を打たなかったり、巨大施設内のテナント自体がそもそも弱いと、人はいつしか寄り付かなくなってしまう。そうなれば巨大施設は「生きる廃墟」として負の遺産化する。筆者はそんな地区を全国各地で見てきた。それだけに柳ケ瀬の当事業の未来に強い不安を感じてしまうのだ。大きな地方都市の中心市街地の多くは、最寄り駅からそこそこ距離がある場所に形成されているケースが多いが、人を10分以上歩かせるほどの価値を作り出すのは実は並大抵のことではない。

全国の商店街は高齢化と後継者不足で悩んでいる。しかし、柳ケ瀬にはやる気のある若い経営者が多いと聞く。希望は持てるが、さらなる新陳代謝（ヨソ者の流入）を行い、新しい柳ケ瀬をつくり上げるべきではないだろうか。

迷宮のような柳ケ瀬は歩いているだけで楽しい。でももっと楽しい場所にするには、集客力のある魅力的な店やスポットを各所に揃える必要がある。それらが動線になって人が柳ケ瀬を回遊するようになれば活気が生まれるし、新たな店舗もやってくる。そうなれば柳ケ瀬は活性化するかもしれない。

タワーは決して再生の主役じゃないのである。

柳ケ瀬で再開発が進められている場所は高島屋のすぐ隣。高さ100m を超えるビルができる予定だが、それで柳ケ瀬は活性化するの？

問屋街の火はまだ消えていないが、そのなかはシャッター店舗が目立ち、昼間なのに暗くて、活気もあまり感じられない

合併したのはたった1町
なびかない周辺都市に県都もタジタジ

県庁所在地の合併は意外と難しい

　財政基盤を強化して地方分権を推進することで地域全体を活性化し、さらには将来の政令市誕生をも視野に入れ、かつて周辺自治体との合併をもくろんだ県都・岐阜市。ところが志むなしく、最終的に合併が成功したのは柳津町のみ。結果は失敗といってもよかろう。

　全国津々浦々、県庁所在地を中心とした市町村合併というのは、揉めるだけ揉めて思惑通りに行かないケースが多い。その要因はやはり合併方式だ。県都ぐらいの大都市になると、大抵は周辺自治体を編入しようと動く。そして周辺自治体もはじめは合併協議に参加し、長い物に巻かれる感じで編入合併に向かう。だが、いつしかオイシイところを中心市に持っていかれるだけで、文化や伝統といった地域の個性が埋没する可能性もある編入合併に何のメリットもないことに気付く（議員センセーの定数問題もあるし）。そうして協議会から離脱し、周辺自治体同士や、新たなパートナーを見つけて対等合併に動いたり、単独行政を選択する自治体が現れる。大体こんな感じの流れで、万事スムーズには進まないものだ。

岐阜市も編入合併方式を選択した。しかし、周辺自治体を慮って「対等合併に近い編入合併」という形をとった。新市の名称、役場の位置、地域特性を生かしたまちづくり計画案も立てられた。県都としちゃかなり下手に出たのであろ（羽島市の「岐阜羽島市」案は一蹴したけどね）。そんな感じで順調（？）に進んでいたかに見えた合併協議も、最大のパートナーだった羽島市が身を引いてからというもの、岐南町、笠松町、北方町と相次いで法定協議会を離脱してしまったのである。

産廃の不法投棄問題が合併瓦解の引き金に！

岐阜市は、東海道新幹線の駅と名神高速のインターチェンジを持つ羽島市を何とか手中に収めたかったところだろう。しかし羽島市には、合併しても岐阜市内の開発が優先されるのではという不安も大きかった。それもこれも新幹線駅があるのになかなか発展しない羽島市の焦りである。結局、羽島市は合併協議から離脱した。

引き金となったのは、岐阜市椿洞に膨大な量の産業廃棄物の不法投棄が見つかったことである。当時、岐阜市はその存在を認知していながら、およそ10年に渡り放置し続けていたのだ。

産廃問題の今後の見通しについてハッキリとした方針を示せなかった岐阜市に対して、周辺市町村の首長から不満の声が相次いだ。そして、その処理費用が１００億円近くかかると試算され、羽島市で行われた合併の是非を問う住民投票で、反対が賛成を上回った。こうして羽島市は住民の意思を尊重して単独行政の道を選んだ。

岐阜市の平成大合併の経緯

2002年4月	岐阜市が柳津町に6市町での研究会設置を申し入れる
2002年8月	岐阜市が柳津町、川島町、笠松町、岐南町に研究会への参加を呼びかける
2002年10月	柳津町が岐阜市、羽島市、羽島郡4町の広域合併を提案
2002年11月	岐阜市が笠松町に合併参加を呼びかけ
2003年2月	笠松町が住民アンケートの結果により、岐阜市との合併を検討へ
2003年4月	岐阜市、柳津町、羽島市、笠松町、北方町で法定協議会「岐阜広域合併協議会」を設置
2003年6月	岐南町が合併協議会に加入
2004年6月	羽島市、岐南町、笠松町が合併協議から離脱
2004年8月	北方町が合併協議から離脱
2004年9月	合併協議会名を「岐阜市・柳津町合併協議会」に変更
2004年12月	合併協定調印式
2006年1月	新・岐阜市が誕生

※各種資料より作成

一方、羽島郡内合併や、法定協議会設立までいった各務原市との合併をとりやめ、岐阜市との合併に一本化していた岐南町でも、産廃問題を契機に風向きが変わった。結局、住民グループが提出していた合併協議離脱の請願を議会が採択して、単独の道を選んだのである。まあ岐南町は財政力も高いし、岐阜市と合併するメリットはあまりなかったようだけど（ごみ処理場などの大規模公共施設やＪＲ駅は欲しかったようだが）。

また、笠松町も住民投票で合併反対が多数となり単独へ。だが笠松は財政が厳しく、こちらは合併したかったようだ。その後、残された岐南と笠松での合併も検討されたようだが、両町は下水道問題でゴタゴタし、議会レベルでの話し合いも持たれなかったという。笠松側の意見がまとまらなかったということだが、同じような規模の隣町同士だけに、イニシアチブをどちらがとるかで揉めたというのもあるのだろう。

かわいそうだったのは北方町で、本巣郡での広域合併協議を離れて岐阜市との合併に積極的に動いたのに、住民投票において合併反対が多数で単独行政を選択。岐阜市と合併していれば、町民の足だった名鉄揖斐線が残っていた可能

産廃の不法投棄が見つかった岐阜市椿洞。多額の処理費用から合併に二の足を踏む自治体が続出

性もあり（2005年に廃止）、産廃問題をきっかけにした合併反対の流れは、将来的な不安を持つ自治体に暗い影を落とした。

今でこそ広域合併の弊害が取り沙汰され、民間レベルでは「行政サービスが低下した」「地域がまったく活性化してない」など批判も多い平成の大合併。ただそんな中、岐阜市と合併した柳津町には、合併後に大企業の工場や大型商業施設が誘致され、中心駅（名鉄柳津駅）周辺も整備された。合併が小さな枠組みとなってトクしたのは柳津町だったのかもね。

ゴタゴタはありながら新幹線駅ができた羽島の現状

新幹線駅とインターは宝の持ち腐れ!?

岐阜市との合併にいち早くNOを突きつけた羽島市。岐阜市の産廃問題が合併を白紙にさせたとはいえ、羽島民には「あの時、岐阜市と合併しても良かったかも」という思いが多少あるという。新幹線駅や名神高速のインターチェンジといった高規格インフラがあっても、思ったように街が発展しないのだから、市の悩みも大きい。

筆者は岐阜市内から東京に戻る際、試しに岐阜羽島駅を使ってみた。わかってはいたものの、名鉄を乗り換えて行くのは時間もかかるし面倒で、何歩譲ってもJRで名古屋乗り換えのほうが便利である。というわけで、岐阜県内の新幹線駅だったら岐阜駅が適切じゃないの？　と、今さらながら思うのだが、それにはいわくがある。

岐阜羽島駅を出ると駅前ロータリーを挟んで銅像が立っている。羽島市民には常識だが、新幹線駅設置のキーになった人物、大野伴睦とその夫人の像である。１９５９年、東海道新幹線の通過が決定していた岐阜県内に急遽、新駅が造られることになった。その候補地になったのが羽島だった。羽島が浮上した背景には、当時自民党の副総裁だった地元政治家、大野伴睦の強力な運動があり、羽島の市議会議員は総出で上京し、大野に感謝の意を伝えたという。

しかし、この決定に異を唱えたのが岐阜市と大垣市だった。岐阜市では繊維業界を中心に駅の誘致運動が展開され、大垣市も羽島が正式決定でないことを理由に誘致運動に乗り出した。県も岐阜市寄りの場所を国鉄に提案。一時は県案で決定というところまでいったが、羽島案は覆らず、誕生した岐阜羽島駅は大野による政治駅という言われ方をされた。実際には岐阜市方面に新幹線を迂回させると、工事費、西日本への所要時間がかかるという現実的な理由もあったというが、それなら岐阜県内にわざわざ駅を造らなくてもいい気がするのだが……。

特徴の無い街が特徴をつくれるのか？

1964年、農地だった場所に岐阜羽島駅が造られ、営業を開始した。それに合わせて市も駅周辺の開発をスタートさせる。しかし、長期的展望がないまま開発を始めたもんだから、いつまで経ってもパッとしないまま。駅前の土地は地権者がこまごまとしていてまとめるのが難しく、大型商業施設の進出もなかった。街の核として期待したのに、今じゃ逆にゴーストタウンのようである。

ただ一方で、インターチェンジ周辺の開発には明るい展望がある。2015年11月に大型量販店「コストコ」が出店したのだ。市はそのアクセスの良さを生かして同地域への企業誘致を積極的に行っている。その結果、同地域には6社を超える企業が進出してきた。以前からこうした計画的な開発や企業誘致を進めていれば、とは思うのだが、ようやく市にも駅前開発の失敗による意識改革ができてきたということらしい。駅前にしても、今後は交流やイベントの場として活用していく予定とのこと。駅中心の発展は無理、市のドーナツ化は致し方ないと割り切って、商業地は郊外に、公共施設は駅前にという役割分担は、確かにアリとは思う。

しかし、それではどこにでもある地方都市だし、「羽島ならでは」ではない。市民からは「羽島には何も特徴がない」とか「新幹線駅がなかったら誰も知らんと思うよ」といった声を聞いた。羽島はこれまで外に向けた積極的なPRをしてこなかったのだ。

あまり知られていないが、羽島の竹鼻城は小牧・長久手の戦いや関ヶ原の戦いに関連した重要な城である。しかも城下町だった竹鼻周辺には情緒たっぷりの古い街並みがあるのに、歴史の街として認識されているわけでもない。歴史観光にもっと力を入れられないのか、アクセスがいい街だけに実に惜しいと思うのだ。合併はしなかったけど、岐阜市とタッグを組んで「歴史観光の導線づくり」とかしても面白いと思うけどなあ。

※　※　※

東海道新幹線と名神高速道路という2つの強力な武器を持つ羽島市。コストコの出店とそれに伴う企業誘致の成果は上々のようで、本編でも書いたがどうして早くこの方向性（交通拠点都市）で開発を進めなかったのだろう……まあそれはいいとして、これだけインフラが充実し、名古屋にもそれほど遠くないのに羽島の人口は緩やかに減っている。名鉄で岐阜市にも名古屋市にも比較的出やすい市内の正木地区は、両市のベッドタウンとして人口も増えているが、中心市街地である岐阜羽島駅周辺は活気がなく、新幹線以外の名古屋へのアクセスが悪く、ベッドタウン化し切れていない。まあ魅力のない街に人はやってこないということだ。

現在、羽島市では岐阜羽島駅西側に隣接する約23・3ヘクタールの土地を住宅地、商業地として売り出している。要は「このあたりは公共施設も揃って便利だし、人も多く住んでいるし、幹線道路も整備する予定があるし、先物買いでいかがでしょう？」ということ。結局、羽島の再開発は市が自前で計画するというより、毎度他力本願である。羽島が自力で発展するには、第二の大野伴睦（剛腕）の登場を待つしかないのだろうか？

岐阜羽島駅前の「大野伴睦先生御夫妻之像」。岐阜羽島駅開設を取り付けながら亡くなった大野氏を顕彰して建立された

岐阜羽島駅の飲食店を探そうと食べログを見てびっくりしたのは、駅そば以外の店がどこも遠いこと。こんな街住みづらいよ！

財政力強い各務原の弱みは旧4町エリアの対抗意識!?

中心地がどこか住民が答えられない

各務原の正しい読みは？　市が採用している読み方は「かかみがはら」のようだが、筆者はずっと「かがみはら」だと思っていた（パソコンでフツーに変換できるしね）。ほかに「かがみがはら」「かかみはら」など、読み方はさまざま。筆者には20年来の岐阜出身の友人がいるが、彼も「かがみはら」だと言っていた。実は、いずれの読み方も間違いではない。各務原は正式な読み方が決まっていない珍しい地名なのである。

それはともかく、この各務原、読み方がバラバラなだけではなく、特徴も多彩だ。輸送機器の製造が盛んな工業都市、ニンジンが名産の農業都市、名古屋

※各務原市財政課「財政力指数の推移」より作成

のベッドタウン（岐阜ながら愛知の犬山と同地域に見られている）などなど。また、中心駅というのが基本的に無いから（強いて挙げれば名鉄の各務原市役所前駅？）、中心地が存在しない。主な商業施設は駅前ではなくロードサイドに固まり、インターの近くに県内最大級のショッピングセンター・イオンモール各務原がドンと構えている。

と、各務原がこのように多面的なのは、その成り立ちも関係している。各務原市は１９６３年に稲葉郡那加町、稲羽町、鵜沼町、蘇原町の４町が合併してできた。市の中心的な存在は、ベッドタウンとして住宅街が形成されている鵜沼エリアや市役所がある那加エリアだが、警察署や市民会館、文化ホールなどは蘇原エリアにある。稲羽エリアの存在感は薄めだが、同じ規模の4つの町が合併したので中心部が形成されなかったのだ。そのため、地元民に中心地がどこか聞いても答えられない。

財政力は高めだが無駄遣いの指摘も

さて、各務原は市のド真ん中に川崎重工、航空自衛隊基地があり、さらに交通の要衝ということもあって工場の立地も多く、財政は県内でも屈指の豊かさを誇る。2008年と2009年には財政力指数が1を超え、地方交付税の不交付団体でもあった。財政の健全化を図ってきたことに加えて、ベッドタウンとして人口も着実に増え、税収も増加。さらに就労支援も充実しているから生活保護の受給者も少ないという。が、地方財政を取り巻く環境は年々厳しくなる一方。近年は各務原といえども人口の伸びは停滞気味、高齢化の進行、老朽化した公共施設の更新などもあり、歳出もかなり増えている。財政は悪くないとはいえ、徐々に下降線をたどっているのは事実だ。

ただ、地元民からは行政の無駄遣いを指摘する声もあった。とくに「公園都市」を標榜して積極的に行ってきた公園整備については賛否両論。公園が至る所にあるので、子育てファミリー層には「環境がいい」「住みやすい」と好評だが、「誰も使わないような公園があったりして無駄も多い。もう公園整備はいいよ」とは地元の男性の弁。さらに「ほとんど管理されていない公園もあります。そうした公園は不良の溜まり場になったりして怖いですね。それでも一時よりはずいぶん治安は良くなりましたが」と言う地元女性もいた。

また、「車社会だから道路整備もしっかりやってほしい」という声も聞いた。確かに道は問題アリだ。鵜沼に新しく造成された住宅街などは問題ないが、古い住宅街の道はまるでダンジョン。巡ってみると、ナビで通り抜けできる指示が出ているのに車が通れないなんてこともあった。「大きな道路を外れると道はあまり良くない。うちの地域も何とかしてほしい」とは地元の老人の弁である。

編入した旧川島町エリアは新参者だが、各務原を構成する旧4町エリアは、昔から対抗意識が強いという。それだけに行政には金の使い方に「公平感」も求められる。あちらを立ててこちらを立てずではまとまらないから、必然的に公共工事が多くなるという。しかし、そうはいってもなかなか要望に追いつかないのが現状だ。財政は比較的健全でも、内部がバラバラな各務原の舵取りは難しい。

※　※　※

本編でも軽く触れたが各務原市は「公園都市」を標榜している。10年以上も（賛否両論ありながら）市民と共に公園をつくり、それを保護してきた。そのなかでも中心市街地に位置する「学びの森」と「各務原市民公園」は、多くの市民が訪れる憩いの場所で、各務原の一種のカルチャーゾーンと位置づけられている。こうした新たな街の核となる場所を、市民の声を反映してつくり上げる試みは、多くの市民がまちづくりに参加しているという意識が強く働く。住民の郷土アイデンティティーを高めるうえでも非常に効果的だろう。

各務原市民有志が作り上げてきた公園は、公園という枠を飛び越え、ハード

航空自衛隊岐阜基地は那加〜蘇原地区に跨る。騒音・振動問題はあるが税収面で欠かせない存在

とソフトの両面から変革（新たなフェーズ）され、合わせて各務原という街の住みやすさや居心地の良さにもつながっていく。保守的な旧住民にしてみれば、こうした新しい試みにはとっつきづらさや嫌悪感もあるだろうが、各務原という街はこれからもずっと続いていく。次世代にしっかりと受け継がせるためにも、変化を受け入れる懐の深さを持って欲しいと思う。というか、一緒にまちづくりを楽しんだらどうだろうか。

住みよい街といわれてもピンとこない本巣の住民

南北が違い過ぎて一概に住みよい街とは…

本巣の市域は南北に長く、北部には山林が広がり、人がほとんど住まない「未開の地」のようなエリアもある。対して南部は岐阜市のベッドタウンとして発展している。というわけで人口は南部にギュッと集中しており、さまざまな面で南北間の偏りが激しい。

そんな小さな地方都市の本巣だが、大きなセールスポイントがある。実は全国屈指の住みやすい街なのだ。その指標となるのが東洋経済新報社の「住みよさランキング」。これは公的統計をもとに、各市が持っている都市力を「安心度」「利便度」「快適度」「富裕度」「住居水準充実度」の5つの観点に分類し、トー

岐阜県内の住みよさランキング（総合）のベスト3の推移

	2016年	2017年	2018年	2019年	2020年
1位	本巣市	本巣市	美濃加茂市	郡上市	大垣市
2位	美濃加茂市	美濃加茂市	本巣市	飛騨市	美濃加茂市
3位	大垣市	飛騨市	大垣市	高山市	高山市

※東洋経済新報社発表の「住みよさランキング」を参照

タル15指標の偏差値の平均値をランキングしたもの。このランキングで本巣は2009年に全国1位の栄冠に輝いた。2010年は9位に落ちたが（同じ岐阜県の美濃加茂市に抜かれた！）、その後のランキングを見てもずっと上位をキープしていた。かなり優秀である。

本巣の住環境でとくに評価が高いのは「利便性」と「住居水準充実度」である。本巣市南部は人口の流入によって大型商業施設が次々と出店。人口あたりの大型小売店店舗面積が高水準で、利便性が高いと判断されているのだ。しかもファミリー層を中心に移住者が増え、街も子育て環境の充実に努めるなど、良い相乗効果も生んでいる。ランキング上位の常連、千葉の印西や茨城の守谷も大都市近接型のベッドタウンで、大型商業施設が立ち並び、総じて利便性が高い上に、自治体は子育て環境に力を入れている。本巣もそうした都市と似ている部分は多い。

ところが現地に行ってみると、本巣は典型的なベッドタウンらしさがない。ロードサイドに大型商業施設は目立つが、印西や守谷のような巨大マンションや無個性な一戸建ての建売住宅が密集する住宅街は形成されていないのだ。南部の糸貫や真正地区には移住ファミリー層の新興住宅地が所々見られるものの、大規模住宅街ではない。南部が都市化しているといっても、住宅開発を積極的に進めているようにも見えないし、自然もけっこう残っている。最新ランキング2位の福井県坂井市は、福井市のベッドタウンとして発展しているが、田舎なので住宅は広めで持ち家比率も高く、住居水準充実度が非常に高い。本巣も田舎で持ち家比率が85・6パーセントと高く、住居水準充実度が高め。街のトータルの印象でいうと、印西や守谷より坂井に近いのだろう。

ただ地元民は、住みよい街といわれてもピンとこないようだ。利便性とはある意味かけ離れたド田舎の北部ならなおさらで、市民アンケート（２０１１年）でも「住みやすい」「どちらかといえば住みやすい」が55パーセントに過ぎず、南北の偏りをそのまま示す結果となった。住みにくい理由として「野生動物による被害」と答えた人がいたほどである（おそらくは北部住民だろうね）。また、若い世代の「住みやすい」と答えた割合も低いという。田舎ならではの地域コミュニケーションが今も残っているところに多少のわずらわしさがあるようだ。住みよい街の看板だが、誰も彼も「住めば都」になっていないようである。

※　※　※

２０２０年に発表された東洋経済新報社の「住みよさランキング」で、本巣はもはや上位にない。ちなみに岐阜県内のみのランキングでも本巣の名はトップ３にない。あれだけ「住みよい」とされた本巣だがどうしたことだろう。

住みよさランキングについては、２０２０年から算出指標について変更点があり、従来の算出指標の数を22指標から20指標に減らしている。その外した指標のひとつが「持家世帯比率」。人口減少や都市圏への人口集中などで、家を所有することが住みよさを表す要素にならないと判断され、指標から除外されたのだ。本巣でいうとこの変更は痛かったはず。なぜなら本巣は持家比率が高く、住居水準充実度が高いのが強みだったからだ。

また、本巣の利便性についても、それが絶対的な強みでなくなったことが大きい。モレラ岐阜など大型商業施設が揃い、人口当たりの小売店店舗面積は高水準だったが、ベッドタウン都市における郊外型の大型商業施設の建設はもはや当たり前で、イオンモールのようなとてつもなくデカい施設が各地につくられている現状で、本巣がいつまでも利便性で上位を維持するのは難しい。加えて本巣は人口が減っているが、快適度の指標のひとつである「転出入人口比率」で、転出数が転入数を上回っているのも痛かった。

とはいえ、何も住みよさランキングが街の評価のすべてではない。もちろん高評価に越したことはないが、住民の実感として暮らしやすければそれでいい。だが、本巣の住民からは今も「移動が不便」「学校が遠い」「公園がない」「大病院がない」など不満の声が燻っている。こうしたひとつひとつの声に耳を傾けながら、住民へどのようなサービスが提供できるのか、本巣が「リアルな住みよい街」になれるかどうかは住民目線の施策にかかっていると思う。

本巣の住宅は一戸建てが主流だが、住みよさランキングで持家比率が算出指標から除外。本巣には痛いレギュレーション変更だった

巨大ショッピングモールのモレラ岐阜。本巣市民のみならず岐阜市民もわざわざ買い物に来る

岐阜県コラム 4

鵜飼いの頂点、長良川鵜飼

鵜が飲み込む際に失神した鮎は旨味が落ちず、たいへん美味だということで珍重され、長良川鵜飼で捕獲された鮎は、古代からすでに朝廷に献上されていたという（『日本書紀』にも記述があるほど）。夜にかがり火の下で行われる鵜飼いは趣があるとして、古くから貴族の鑑賞の対象で、漁でありながら、伝統芸能の側面も強い。

現在、国内の鵜飼いは長良川のほか、山梨県の笛吹川、愛知県の木曽川、京都府の宇治川や大堰川、和歌山県の有田川、大分県の三隈川など、西日本を中心に行われているが、最も有名で格式が高いのは長良川の鵜飼いである。

長良川鵜飼の転機となったのは江戸期。大坂夏の陣の帰途、徳川家康が長良川の鵜飼いを見物し、獲れた鮎で作った鮎鮨を大いに気に入り、将軍家への献上が始まった。こうして鵜飼いは幕府の保護・管理下に置かれた。長良川では鵜

飼いが最優先され、他の漁法や堰の設置など鵜飼いを妨害する行為は厳しく制限、あるいは禁止された。だがこれが鵜飼いには良かった。現在も伝統芸能としての鵜飼いがほぼ原型をとどめているのは、幕府の保護の賜物である。鵜飼いは岐阜県の伝統文化だが、江戸期には幕府（尾張藩）の管理下に置かれ、現在の長良川鵜飼は皇室御用で、鵜匠の立場も宮内庁所属の国家公務員である。長良川鵜飼は岐阜の文化ということを飛び越えて、もはや日本の伝統文化といってもいいだろう。

ただ、その長良川鵜飼にもピンチはあった。戦後、空襲によって岐阜市が甚大な被害を受けたことで、街の復興が優先され、鵜飼いが後回しにされたのだ。存続の危機に陥る中、なんとか復活を果たした鵜飼いは、漁から観光にシフト。高度成長期にはレジャーブームの波に乗り、多くの観光客を岐阜に呼んだ。だが、観覧船の乗船者数は1973年の約34万人をピークに減少傾向で、近年は11万人前後で推移。観覧船事業は市が運営しているものの、1993年以降は赤字が続いており、伝統文化の継承と経費削減の両立が課題となっている。

ちなみにこの鵜飼、茨城県（筆者の故郷）と縁が深いことをご存知だろうか？ 茨城では鵜飼いは行われていないが、その代わり日立市で全国の鵜飼いで使われる鵜を捕獲している。日立市十王の鵜の岬には、鵜飼いで使われる「ウミウ」の生息地があり、日本で唯一捕獲が許可されているのだ。断崖絶壁にあるウミウの捕獲場は期間限定ながら一般公開され、観光の名物にもなっている。

第5章
問題ばかり起きている中濃地域の光と影

美濃町線廃線で関の街は活気がなくなった!?

人通りがほどんどない栄町のアーケード

関は日本一の刃物産地である。ただ、メチャクチャ強い地場産業を持つ地方都市というのは、灯台下暗しというのか、中心街が寂れているケースが少なくない。

筆者は先ごろ眼鏡産業で有名な福井県の鯖江を訪れたが、地場産業に活気があるにもかかわらず、中心市街地の様子は寂しかった。同じように地場産業に活気がある関も鯖江とよく似ている。取材のため長良川鉄道の関駅を降り、バスロータリーを抜けて市街地方面に向かった。そして驚いた。中心商店街と聞いていた栄町アーケードがあまりにも寂しかったからである。当日は平日だったが時間は夕方、人の姿もありそうなもんだが、商店街を歩いても人通りがやけに少ない。地元民に話を聞いてみると、こうなってしまった理由はちゃんとあるという。

「大きいのは名鉄美濃町線の廃線だね。スピードが遅くて不評だったけど、岐阜とつながっていたのはやはり大きかった。利用者は少なくなっていたけど、駅前には人もいたし、商店街に人通りもあった。今はバスで岐阜駅前のターミナルとつながっているけど、バスが商店街の人出に影響するわけでもないし、無くなってみて鉄道の有り難さがよくわかるよ」

美濃町線とは関と岐阜を結んでいた路線。赤字が膨らみ、２００５年に完全廃線となった。当時、地元では存続運動が起こったものの、どうにもなす術はなかったという。ところがいろいろ話を聞いてみると、存続運動をしていたのは一部の住民だけだったようである。商店街で聞いた話では、「鉄道を利用している人には不便になるが、利用者も少ないし赤字だから廃止も仕方がないって多くの地元民が考えていた」という。鉄道は長良川鉄道があればいいかな、という程度で危機感があまりなかったという話だった。つまり、失ってみて初めて美濃町線の価値の大きさに気付いたということ。まさに後悔先に立たずなのだ。

現在、関市内を通る鉄道は長良川鉄道のみ。その長良川鉄道のダイヤは1時間に1本。どローカル線というほどではないにしろ、朝夕でも大体30分に1本の割合だ。美濃加茂（美濃太田駅）でJRに乗り換えられるが、地元の足というよりも観光路線の色彩が強い。しかも運賃も高い。

「美濃町線が無くなって関は孤立しちゃったよ。車が無いと何もできない街になった。だからロードサイドに巨大な商業施設がどんどん建っている。そうなれば市街地だって寂れるでしょ。典型的なドーナツ化だよね」

と、別の地元民はいう。地方は車が主要な交通手段だが、都市の玄関口といえば駅だ。その中でも中心駅が無くなれば、中心市街地（商店街）が衰退するのは火を見るより明らか。商店街は駅があればこそ駐車場も無くたって商売がやれてきた。そして、駅が無くなり駐車場もつくれず、商売が回らなくなって多くの店が閉店し、シャッター街化するようなことになれば、街のイメージも悪くなる。実際、筆者はその廃れ方を見て愕然としたのだ。

美濃町線の廃線は道路事情も悪くする

そういえば、県都・岐阜市でも同じようなパターンでドーナツ化が起きている。岐阜では市街地の渋滞の原因になるとして、２００５年に路面電車を廃止。道路が広くなることで車の交通量が増え、商店街にも活気が出るのでは、と期待された。しかし、逆に人々の足は市内から離れた。その後、路面電車復活の声は上がったものの、実現には至っていない。

関と岐阜では、ほとんど同じタイミングで鉄道が廃線になり、共に市街地が廃れた。しかし、岐阜は岐阜駅周辺の再開発を積極的に行い、街の再生を目指している。一方、ショボイ駅しか残っていない関は手の施しようもない。

さらに関では、鉄道の廃止が道路にも悪影響を及ぼしている。筆者は関から岐阜市までバスを利用したが、関市内の混雑ぶりは相当ひどかった（関に限らず各務原もひどいが）。実際、地元でも道路事情は不評とのこと。到着時間が読めないバスは不便だし、鉄道の廃線が渋滞をますますひどくした可能性は低くないはずだ。

天下に名を轟かす関の刃物産業の悩みは後継者問題である。産業に活気はあっても、このまま街に魅力を創生できなければ、関の将来を支える若者が今以上に外へと流出しかねない。言葉は悪いが「商店街はもう終わってる」という声も若者から聞いた。元気がない商店街を見ると気が滅入ることもあるようだ。地場産業の保護のみならず、魅力あるまちづくりも関の発展には必要不可欠だろう。

※　※　※

関市がイギリスのシェフィールド、ドイツのゾーリンゲンと並ぶ世界三大刃物産地のひとつということを知っている人はそう多くないだろう。だが、日本刀の「五箇伝」のひとつ「美濃伝」の本拠地ということを知っている人は、ひと昔前より確実に多くなっているはずだ。なぜなら日本刀を擬人化したオンラインゲームの人気で、日本刀が隠れたブームとなったからだ。このブームを受け、関を訪れる刀剣ファン（主に若い女性）が近年増えているらしい。

また、日本産の刃物は今、その品質の高さが世界的に認知されている。なかでも関の刃物は欧米企業からの注目も高く、刃物の本場であるドイツの会社が刃物の生産部門を関に置いているほどである。さらに欧米には関の包丁のファンという三ツ星シェフも多く、こうした風潮が関の刃物のブランド力を一層高めている。

このように関は、他市には真似のできない絶対的なコンテンツを持つ「地場産業都市」である。だが、この強みを何とか観光に生かそうとしているものの、それが今ひとつ上手ではない。しかし、改めて関の市街地の衰退を目の当たりにすると、刀剣ファンが掘り起こされている今だからこそ、自慢の刃物産業を活性化のコンテンツにすべきと思えてならない。もちろん市もそれはわかっているのだろうが、場当たり的に刀剣ファンを集める誘客施設をつくれというのではない。刃物産業を掲げたトータルコンセプト的なまちづくりを考える必要があるのではないだろうか。「刀剣があふれる街並み」なんて、（ぶっそうだが）面白そうではないか。

いつまでも「職人かたぎで融通がきかない街」のままでは、せっかくの伝統も廃れていってしまいかねない。

関発祥の刃物メーカー・貝印。カミソリが有名だが、それ以外の刃物商品も開発して事業を拡大した

人っ子ひとり見かけなかった商店街。撮影した日は天気も悪かったが、それにしたって……

美濃市は〝美濃〟にこだわって結果良かったのか

人口が減り続ける美濃は将来的に消滅する!?

国の重要無形文化財に指定されている本美濃紙とその製造技術が、埼玉の細川紙、島根の石州半紙のそれと共に「和紙：日本の手漉和紙技術」として世界文化遺産に登録された。このうれしい報告に美濃市内は大いに盛り上がったと聞いた。美濃市で作られ、美濃の名を冠する紙が、「世界の宝」になったのである。市民にすれば、あの時「美濃市」の名前を残しておいて良かったという思いもあろう。あの時とは、今から15～20年ほど前。平成の大合併が盛んに行われていた時期のことだ。

美濃は武儀郡の中心として栄えた都市である。といっても現在の人口は２万

美濃市と関市の位置

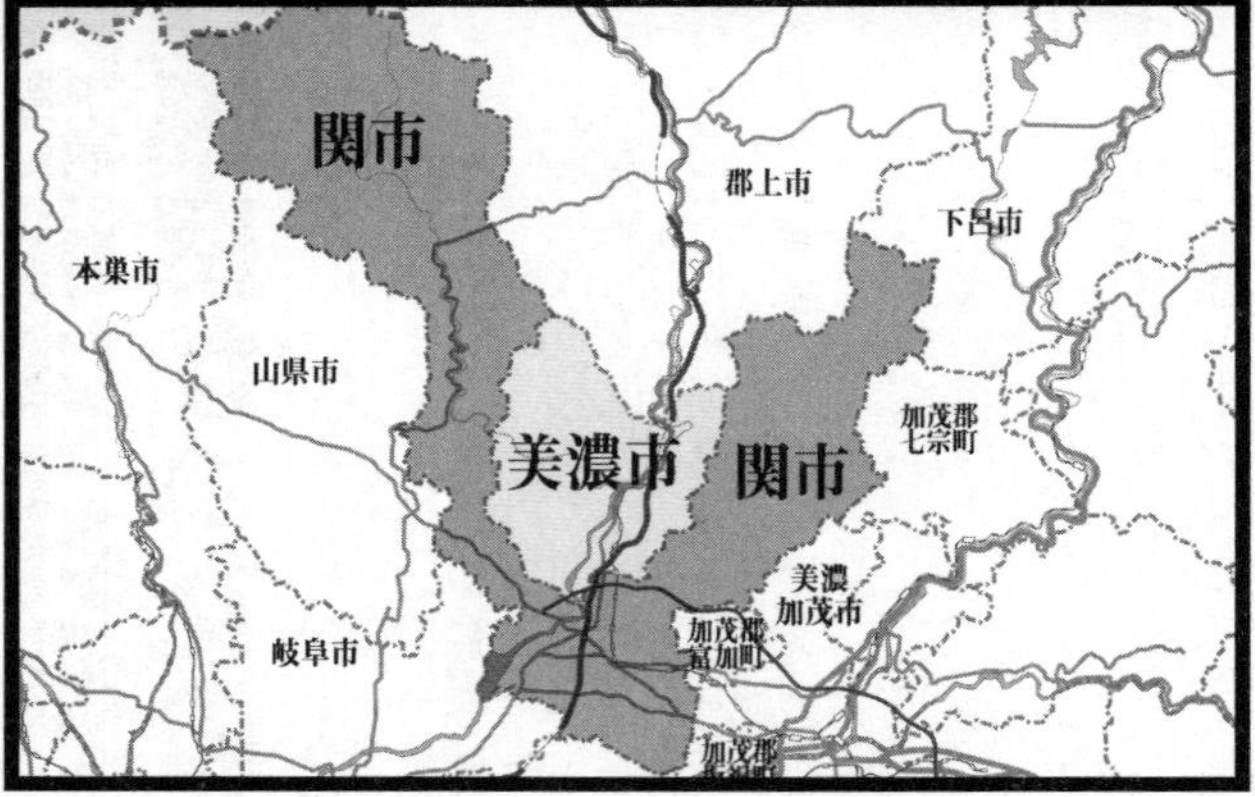

人弱。年々人口は減り続け、今や岐阜県内で最も人口が少ない市だ（将来的に消滅の可能性があるという分析もされている）。平成の大合併の合併協議が始まろうかという2000年時も、人口は約2万5000人。当時の美濃は行政改革もうまくいかず、学校などの公共施設を削減しなければならないほど切羽詰まった状況だったという。だから合併はある意味で既定路線だった。

　しかし、美濃には武儀郡の中心都市として周辺5町村（武儀町、武芸川町、洞戸村、板取村、上之保村）をマルッと受け入れて合併するほどの余裕はなかった。そこで当時「10万人都市構想」を宣言していた関市を加え、７市町村で武儀地域の合併研究会を設置。任意協議会も発足していよいよ本格的に合併に向かうことになった。ところが同地域の中で人口が最も多く財政力もあった関は、任意協議会の席で同市への編入合併と新市名を「関市」とする方針を打ち出したのである。

美濃と関はハナから合うわけがない！

美濃市と武儀郡５町村のスタンスは「新設合併、新市名は公募、市役所は関」でまとまっていた。特に美濃は新市名に「美濃」の名前を尊重してもらうことを要望した。だが関は「編入合併、新市名は関、市役所も関」と主張（強気だったのは合併の必要性に疑問の声があったからだとか）。関とその他６市町村で意見が真っ二つに割れたのだ。結局、武芸川を除く武儀郡４町村は関に折れ、武芸川は岐阜市への擦り寄りも見せるなど紆余曲折ののちに関への編入合併を決めた。しかし、美濃だけはどうしても関に折れなかった。

美濃は妥協案として「新設合併、新市名は美濃関市」を提案。ところがいずれも関に受け入れられず、法定協議会への参加を見送った。美濃で行われた合併の是非を問う住民投票では「関市との合併」「合併せず」「当面合併せず美濃の良さを活かせる条件の合併を検討」で意見は完全に3分され、関との合併は過半数に達せず、方向性を示すことはできなかった。結局、美濃は市長が「不利な合併は避けたい」と単独行政の道を選んだのである。そのせいで新・関市はいびつな形になってしまったのだ（ブーメランのような形だが、関のハサミのようにも見える）。

財政的に厳しい上に地域産業にも乏しい美濃は、「今後存続も危うい」といわれたが、今も危機感があるなかで単独行政をなんとか継続している。そして現在、世界文化遺産となった美濃和紙と「うだつの上がる町並み」のＰＲに総力を挙げて取り組んでいるところだ。今後、観光が市政好転の突破口になる可能性は十分にあるだろう。仮に関市になっていたら、美濃和紙のような地域の伝統文化は埋没していたかもしれない。

美濃市内で関と美濃の関係について聞いてみたところ、「美濃と関は隣同士だけど文化がまるで違うから、一緒になってもうまくいかなかったよ」とのこと。確かに関と美濃は合併がご破算になったあとでも何かとバトっていて、家庭ゴミの有料化問題でも揉めている（ゴミ処理場が共同）。対抗意識がやたら強いのだ。「あっちは刃物でこっちは紙だから、そもそも噛み合うわけがない」。なるほど、うまいこと言うなぁ。

※　※　※

美濃市は現在も、美濃和紙やうだつの上がる町並みを用いた市街地活性化に積極的に取り組んでいる。実際に現地を歩いた筆者の目には、伝統的建造物群保存地区であるその町並みには、埼玉県川越の町並みに似た雰囲気を感じ、非常に魅力的なものに映った。川越は埼玉県内屈指の観光地として関東圏の人たちに認知されているが、要はそれに近いポテンシャルが美濃にも感じられるのだ。ただ美濃の弱みはインフラ。高速バスこそ出ているものの、鉄道が長良川鉄道だけでは行きづらい。ローカル線を使ったスローな旅は、多分に旅情を感じさせてくれるので個人的には好みだが、現状では中部圏の人たちのちょっとしたお出かけスポットにはなり切れないだろう（もったいない！）。

ただ、お出かけ場所というより「しっかりとした旅ができる場所」というこ

美濃のうだつの上がる町並み。埼玉県の名観光地・川越と似た雰囲気を感じられ、タイムトリップ感もなかなか

となら、2019年からスタートした「NIPPONIA美濃商家町」(古民家である旧松久邸をホテルに改装した施設)はよいアイデアだと思う。そもそもはインバウンド向けの意図もあったろうが、落ち着いた旅を欲している国内のミドル層にこの施設は響くはずである。美濃和紙の制作体験や、農泊体験のプログラムがあるのも、リピーターづくりに寄与するだろう。

でも個人的には、美濃の和紙と関の刃物が連携し、一体感のある観光事業はできないかと思うのだ。ここが一番もったいない!

加茂郡合併を決裂させた美濃加茂市民の「ＮＯ」

「加茂」ではなく「可茂」合併が当初の予定

岐阜県の「平成の大合併」の結果には地域差があった。南部の平野部（都市圏）では合併協議の決裂が相次ぎ、単独を選択した自治体が多く、整理整頓が進まなかった。対して飛騨や美濃の山間部（田舎）では、合併協議の難航や破綻はあったものの、広域的な合併劇が見られた。岐阜県の合併による市町村減少率は約58パーセントで、印象より高いのは田舎がまとまったおかげ。とはいえ例外もあった。加茂郡だ。加茂郡は、坂祝町、富加町、川辺町、七宗町、八百津町、白川町、東白川村の６町１村で構成されている田舎エリア。白川町と東白川村は、飛騨に白川村もあるから、かなりややこしい。

加茂郡MAP

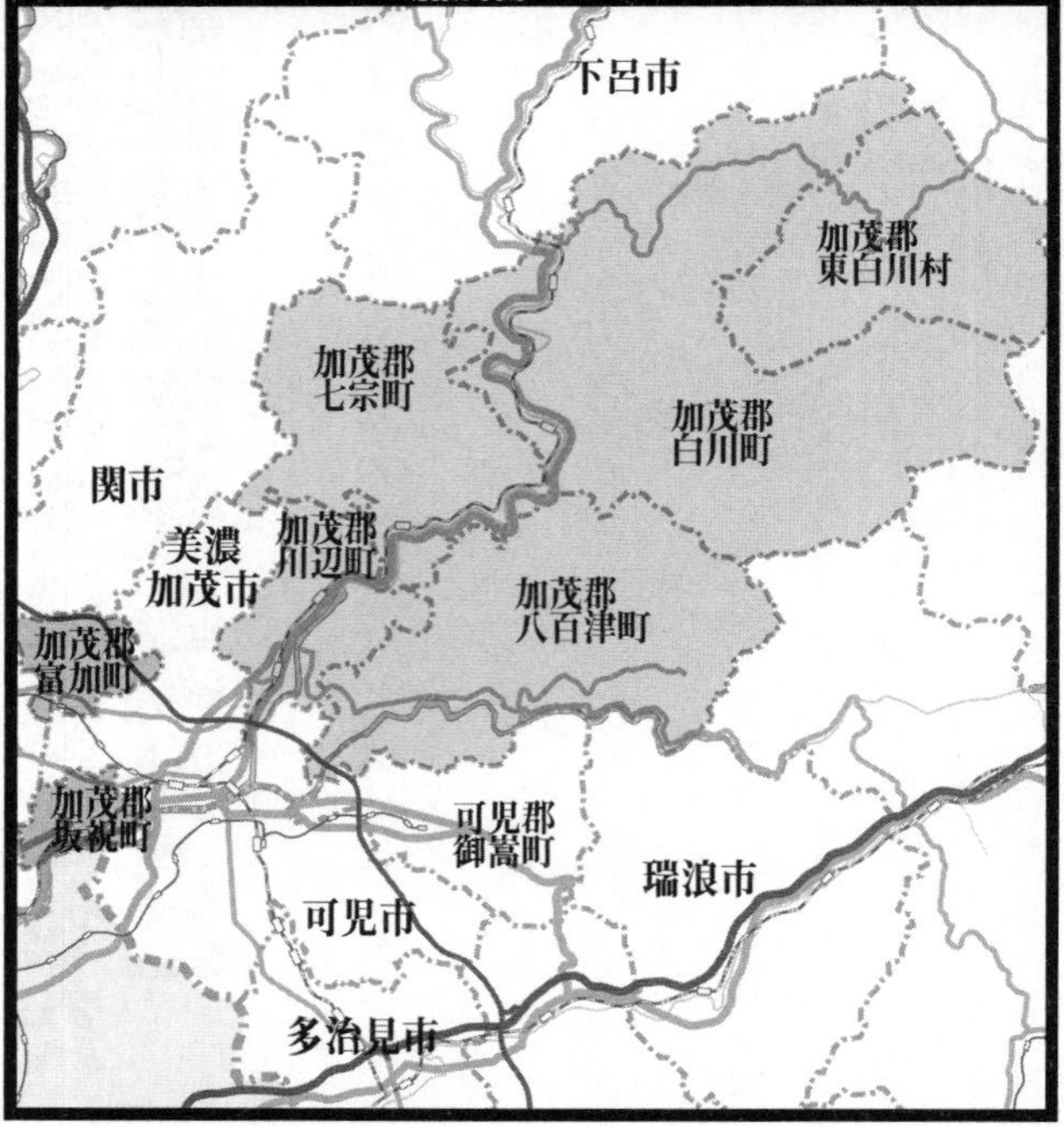

加茂郡には当初、可児市、可児郡御嵩町、兼山町、美濃加茂市と合併（可茂合併）の話があった。実現すればかなりの大型合併だ。とはいえ、この計画はあっという間に頓挫（御嵩と兼山が可児市と合併の動きを見せた）。残された美濃加茂と加茂郡7町村で合併しよ

うということになった。この時、下呂の合併で揉めていた金山町が、美濃加茂に「合併協議に参加させて」と言ってきたが、美濃加茂が「協議の対象ではない」として、にべもなく断っている。

さて、合併の枠組み的に見れば、加茂郡の7町村のみでまとまってもおかしくない。が、地図を見てもわかる通り、坂祝と富加は美濃加茂を挟んで離れており、合併すると2町が飛び地となる。飛び地合併もやむなしと、強引な合併をしてきた岐阜だけにそれもアリなんだろうが、どこも最初から飛び地で構わないと思って合併協議をしてきたわけではない。

美濃加茂の目算が土壇場で裏目に！

加茂郡・美濃加茂合併で、その中心とされたのは当然、加茂郡を分断する位置にあり、自治体規模も大きい美濃加茂である。合併協議会でも「加茂郡7町村は美濃加茂に編入」「新市名は美濃加茂市」「新市役所は美濃加茂市役所」「固定資産税を除く税制は美濃加茂の制度に準ずる」と決められた。完全な上から

平成の大合併の加茂郡合併決裂経緯

2001年7月	美濃加茂市、可児市、加茂郡7町村、可児郡御嵩町、兼山町と11市町村で「可茂地域市町村合併研究会」設置
2002年5月	加茂郡7町村が美濃加茂市に合併協議を申し入れ
2002年8月	8市町村で任意協議会「美濃加茂市・加茂郡町村合併検討協議会」設置
2003年4月	8市町村で法定協議会「美濃加茂市・加茂郡町村合併協議会」設置
2004年11月	美濃加茂市が住民アンケートで合併反対多数により協議から離脱
2004年12月	加茂郡7町村で合併を検討するも断念協議会を解散

※各種資料より作成

目線である。しかし、この決定を7町村は了承し、合併期日を2006年1月にすることも決まった。ところが美濃加茂が急遽この決定を覆し、合併しないことを宣言する。

ポイントになったのは美濃加茂で行われた住民への合併意向

調査の結果だった。当時、編入させる側が意向調査をするのは異例で、市は合併機運を盛り上げるために調査を実施したようだが、市の意向に反して、美濃加茂市民の多くは「反対」を選択した。市の目算は完全に裏目に出てしまい、合併はご破算となった。

美濃加茂市民にすれば、当時、製造業が好調で人口も順調に増えている現状を考えれば、余計なお荷物を抱える合併は不必要だという判断だった。加茂郡の7町村は財政面の格差があり、坂祝、川辺、富加などは財政が比較的健全だからいいが、東白川は破綻する可能性も指摘されるほど脆弱な自治体。合併したらその分の負債も背負わなくてはならず、しわ寄せが自分たちに来るんじゃないかと美濃加茂市民は踏んだのだ。

その後、一応は加茂郡のみでの合併も検討されたが、先述したように「飛び地合併」となるので困難だと判断。さらに坂祝などは単独で美濃加茂と合併協議をすれば、という声もあったが、加茂郡を無視した合併を拒否したという。加茂郡の町村は義理堅いというか、結束が固いのだ。

美濃加茂市が合併協議の土壇場で住民投票を行ったおかげで、合併はご破算となってしまった

加茂郡7町村で最も財政が健全だといわれた坂祝町だが、美濃加茂と単独協議をしなかった

国際都市の美濃加茂から外国人がいなくなった!?

保守的な美濃加茂だが風通しは比較的良い

美濃加茂市は２０１４〜２０１７年にかけて、元市長の収賄疑惑が大きく報道され、不名誉ながら全国的にその存在が知られるようになった。この収賄疑惑騒動、マスコミの偏重報道もあったせいか、多くの人が元市長に「クロ」の印象を持ったことだろう。しかし、美濃加茂市民の多くは市長を支持し、潔白を信じていたという。全国最年少という若い元市長への市民の期待感が、地元では相当大きかったということだ。その地元民の願いが叶い、一審で名古屋地裁は無罪を言い渡した。しかしその後有罪となり、最高裁まで争われたこの裁判は、元市長の有罪で幕を降ろした。結果、市長職を辞任することになり、市民の期待を裏切ってしまったのは残念だった。

さて、もともと超保守的な土地柄の美濃加茂だが、新しいものを受け入れる側面があるのは、冒頭のように若い市長を首長の座につけたことでもよくわかる。保守的だが風通しが良い街なのだ。だからか住みよい街として定評があり、名古屋や岐阜から30キロ圏と交通至便で、市内やお隣の可児市に工場集積していることもあって人口流入が続いている。しかも日本人のみならず日系ブラジル人など外国人の移住も多い。彼らは工場労働者として美濃加茂にやってくる。市もこの現実を受け止め、外国人集住都市会議にも参加し、2008年には多文化共生社会への取り組みを推進する「みのかも宣言」も採択された。

というわけで、2007年には人口に占める外国人の割合が10パーセントを超えた。これは全国トップクラスの数値で、市民も「引っ越してきて外国人の多さにびっくりするという人もいたよ」とのこと。確かに街中には外国語の看板や表示も目に付き、外国人と共生する街という雰囲気が感じられる。ところが、市内を歩き回っても外国人の姿はそれほど見かけない。市域全体というより、吉井・太田地区などに偏在しているようだが、イメージほど外国人が目立

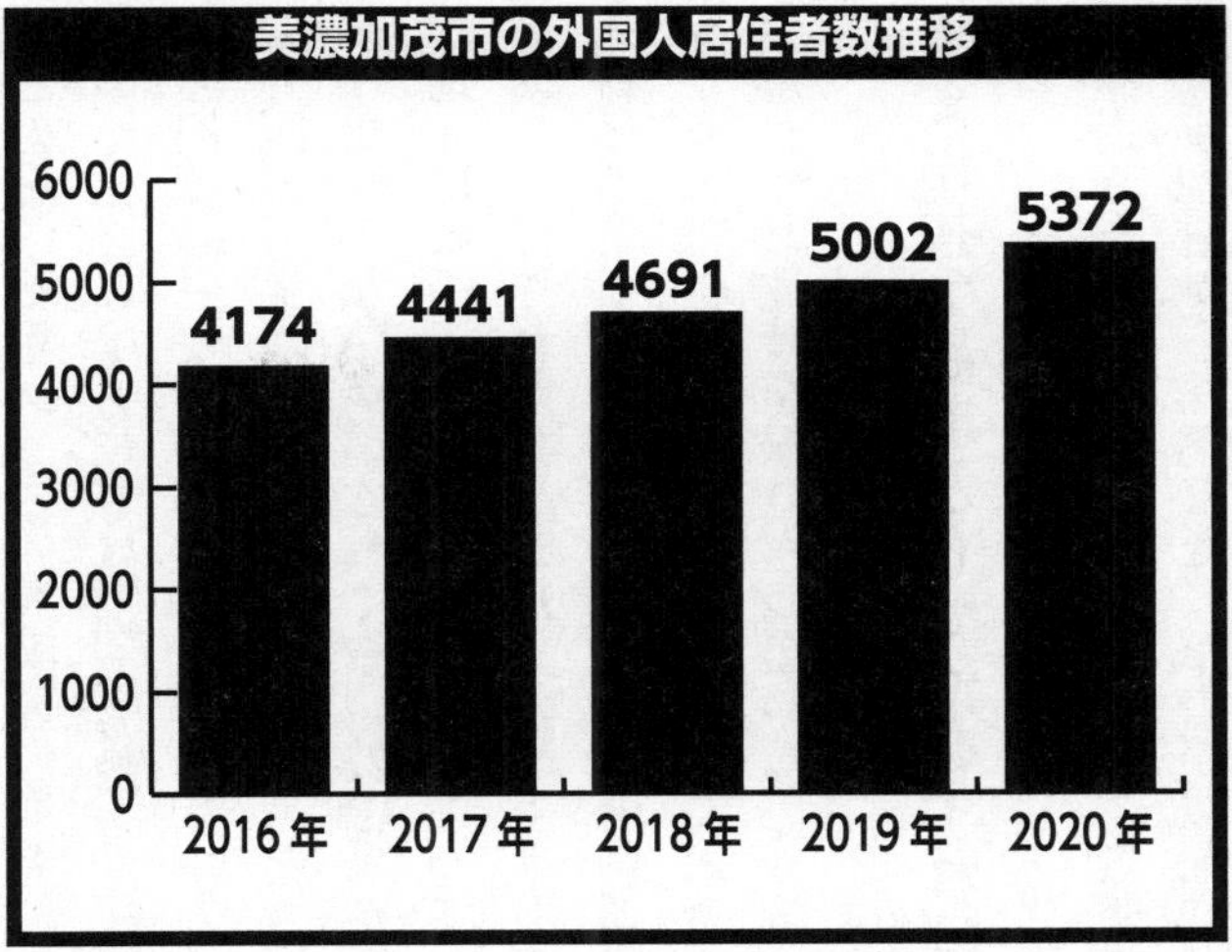

※美濃加茂市ホームページより作成。各年４月１日現在

たない（日系人やアジア人も多いからわからないだけかもしれないけどね）。ある市民に聞くと「外国人はいるけどだいぶ減ったね。震災も多少影響したようだけど、それより景気が悪くなって働く場所が無くなったからね」とのことだった。

美濃加茂市内では近年、日立や富士通の子会社が相次いで撤退し、２０１３年には約２７００人が働く大雇用先のソニーＥＭＣＳ「美濃加茂サイト」も工場を閉鎖してしまった。ピーク時に約４５００人が働いていた同工場では改正入管法の追い風もあって、外国人労働者（日系ブラジル人）を積極的に受け入れていた（２０１２年で外国人労働者は約８３０人）。そのいきなりの撤退で、美濃加茂の主要外国人であるブラジル人は２割以上も減ったといわれている。

外国人労働者は非正規社員といえども大切な税収源。市のトータル人口はあまり変わらないが、これぐらい外国人がごっそり減ってしまうと、共生してきた地元には歪みも出るし、活力も失ってしまう。消費意欲が高く、地元にお金を落としてくれたブラジル人の減少は、市内の小売店やサービス業、不動産業、人材派遣業などさまざまな業種に悪影響をもたらした。タクシー運転手も「ブラジル人はけっこう気軽に使ってくれたんだけど、その利用が減ったのは痛かったね」と往時を振り返っていた。

多文化共生都市として何をすればいいのか

撤退したソニーの工場跡地では、通販大手「千趣会」の物流センターが２０１５年12月から稼働した。筆者が以前訪れたのは物流センター建設前だったので建物には取り外されたソニーのロゴがまだうっすらと見え、移転が進んでいるようには見えず、本当に稼働するのか他人事ながら心配になった記憶がある。

その後、市内の工業団地にはミツカンの新工場も入るなど、雇用の受け入れ先は徐々に確保されている。しかし外国人の雇用先はいまだに不足しているようだ（もちろん日本人の雇用先だって満足とはいかない）。外国人は美濃加茂に雇用がなければ、他地域で働くか（東海地方は製造業の工場が多いしね）帰国するしかない。

目立った地場産業もなく、近年は工業都市として外国人労働者と共に発展してきたといってもいい美濃加茂。ソニーショックによるゴタゴタから時間も経ち、落ち着きも取り戻している。だが世の中の景気には浮き沈みがあるから、工場は不景気になれば撤退もする。だからこそピンチになった時には、地元で育った有為な人材（日本人、外国人問わず）を地元資本が有効活用するとか、できることはいろいろあるし、それが「多文化共生都市」としての責任だろう。

※　※　※

ソニー工場の撤退やリーマンショックなどで、美濃加茂市の外国人人口は一時減少した。しかし、2016年を境に再度増加し、2020年（4月1日時点）では5372人に達した。人口に占める外国人人口割合は9パーセント超と全国の都市でもっとも高く、2007年の10パーセント超に迫る勢いだ。外国人の8割はブラジル人とフィリピン人で占められているが、2国で寡占化している要因は精神的な部分が大きい。中国人もそうだが、外国人は同胞が多く独自のコミュニティーを形成している街に流入してくる。なぜなら他国に暮らしていて仲間がいる、言葉が通じやすいことは安心感につながるからだ。

しかし、美濃加茂くらい外国人が多くなると、日本人との共生が市の至上命題にもなってくる。市は外国人子弟の日本語学習を支援し、親が日本語を話せなくても生活に支障を来たさないようにしている。その甲斐もあって外国人のなかには、地域活動に熱心な人も出てきた。ただ自治会への加入率はまだまだで、問題は実は日本人側にある。日本人市民の多くは外国語が話せず、コミュニケーションが重要とわかっていてもつい消極的になってしまうようだ。革新的な面を見せる市民だが、こんなところは美濃らしく超保守的なのである。

街が沈む？ 亜炭廃坑問題で揺れる可児地域

事が大きすぎて町だけで対処できない

普段あまり聞きなれない「亜炭」という燃料は、「石炭に準ずる燃料」として名付けられた石炭の一種だ。石炭のように炭化しきっていないので熱量が低く、大工場で使うような工業用の燃料には向かないが、その代わり家庭用燃料として戦中戦後の燃料不足の時代に使われた。その亜炭の最大の産地だったのが東海地方（愛知、岐阜、三重）で、当時は地場産業の繊維業や陶磁器業を支える安価なエネルギー源としても重宝された。

その東海地方で亜炭がよく獲れたのが岐阜県。可児市、御嵩町、多治見市、土岐市、瑞浪市、恵那市、中津川市と、中濃から東濃に渡る丘陵地帯で採掘さ

亜炭廃坑の分布図

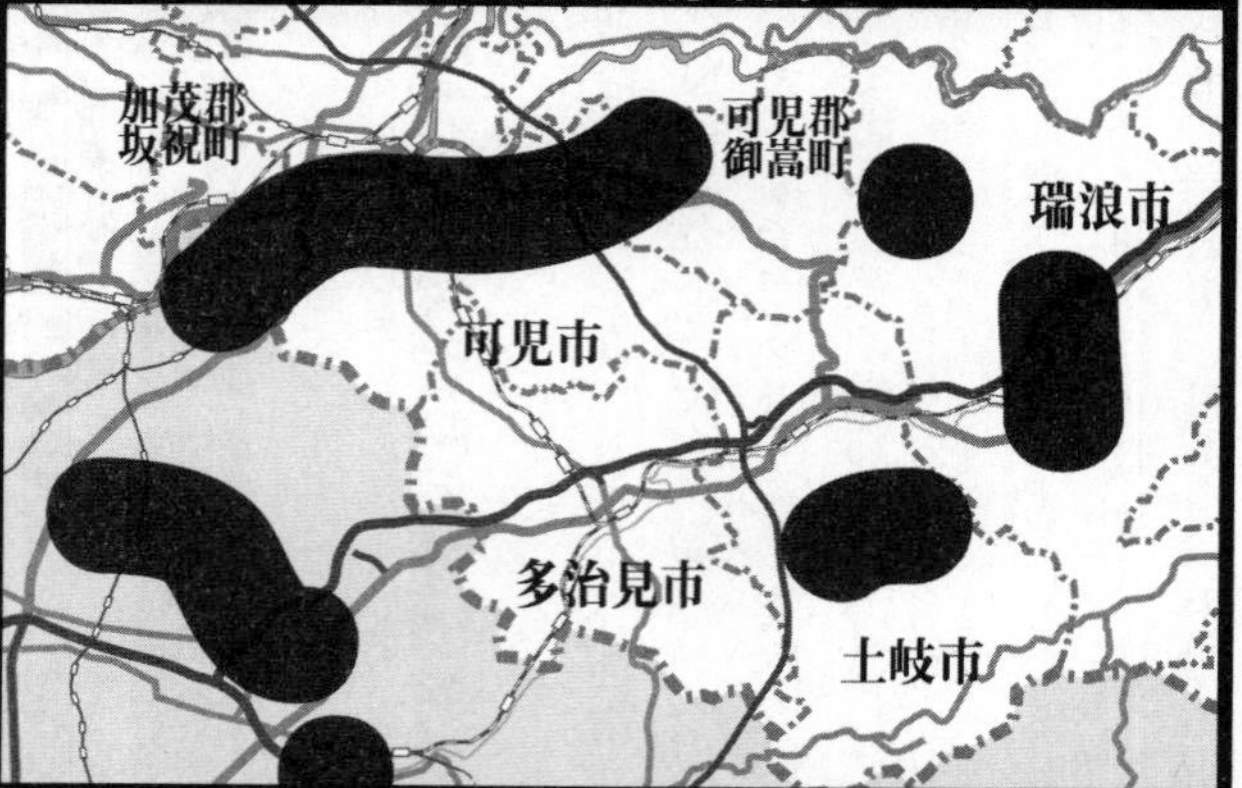

れていた。しかし、石油へのエネルギー転換と安い石炭の輸入増で、亜炭産業は急速に衰退。需要が無くなれば採掘も行われなくなり、使われなくなった亜炭鉱は空洞のまま、埋め立てなどの手当てを施されず、ほったらかしにされた。そのため、亜炭鉱があったエリアでは地面の陥没や地盤沈下などの被害が発生するようになった。

県内で最も深刻な被害が出ているのが御嵩町である。御嵩は亜炭の町といわれ、ピーク時に労働者5000人超、出炭量約50万トンを誇った。町面積のおよそ10分の1で地下空洞が残っているといわれ、陥没事故は約40年間で200件以上も起きている。2007年には比衣地区で東西40メートル、南北30メートルの土地がすり鉢状に1メートルも陥没した。2010年には顔戸地区でも大規模な陥没があり、民家5棟が傾いた。

国と県は「特定鉱害復旧事業基金」を設け、陥没事故が起きれば同基金から復旧工事の資金を捻出するようにした。とはいえ、この基金は「陥没したあと」の復旧にしか使用できない難点がある（しかもかつては陥没で家が崩れても住宅再建に基金を利用できなかった）。あくまでも対処療法しかできず、予防はおろか調査でも使えないのだ。空洞の充填といった予防工事や、廃坑がどこにあるかを調査する費用は自治体持ちで、御嵩のような小さな町では、なかなか予算が追いつかない（埋め立て費用は500～1000億円といわれている）。

御嵩は「国策で亜炭を掘ったのだから責任は国がとってくれ」と主張するものの、国は「掘った事業者に埋め戻す責任がある」と取り合おうとしない。当時の採掘事業者は所在が不明で、個人採掘もあり、国にそう言われても町はどうしようもない。

対症療法ではなく抜本的対策を！

それでも御嵩町は2002年から多額の予算をかけて地下の調査をし、ハザードマップを作り上げた。しかし、廃坑は市街地を中心にして網目状に広がっているようで、全容はわかっていない。さらにこの情報公開で御嵩の地価が下がるという問題も起きてしまった。

ただ、土地の資産価値はどうあれ、住民にとっちゃ命あっての物種である。「いつ陥没の順番が回ってくるかと思うと怖い。なんとか不安を取り除いてほしい」というのは、住民の偽らざる本音だ。しかも南海トラフ地震（東海地震）が起きれば、順番も何も広範囲で一気に陥没が起きる可能性も指摘されている。また、リニアの軌道にあたる場所に亜炭廃坑があるとされ、リニア建設工事によって陥没が引き起こされるのでは、という意見もある。その一方で、リニア建設で出た残土を空洞の充填に使おうという建設的な意見も出ている。何はともあれ、対症療法では問題は解決しない。大事故が起きては後の祭りである。ただ先述御嵩町を巡ってみると、所々で地下の充填工事が進められている。

したように、工事の費用は町がすべて出せるものではない。この問題に関してはお隣の可児も他人事ではなく、もっと広域で取り組むべき問題ではある。国にしたって国民の安全を守る義務があるというなら、事後補償だけでなく、国の主導で抜本的な対策を講じるべきだろう。

※　※　※

旧亜炭採掘区域の瑞浪市、可児市、中津川市、御嵩町では、亜炭鉱廃坑に起因する陥没被害が近年、多発化している。そうなると気がかりなのは、本編でも書いた南海トラフ地震が発生した場合に大規模崩壊が生じる可能性だ。国も２０１３年度の補正予算で、予防的な防災工事支援のための「南海トラフ巨大地震亜炭鉱跡防災モデル事業」の措置を講じた。この事業は２０１７年３月に一旦終了したが、２０１６年度の補正予算で再度同じ措置が講じられることが決まり、２０２１年６月まで事業が継続されることになった。これにより、事業実施市町村である御嵩町には、地盤調査及びに防災工事の経費の大半が国と県から補助されることになった。まずはめでたしだが、土地が陥没した場合の住宅の保証についても、しっかりと考えていただきたい。

何もないのに観光客が押し寄せる郡上のイメージ戦略とは？

水と景観を生かした地道なまちづくり

飛騨と共通する言葉が多く、飛騨地方の天気予報を参考にしたりする郡上市は飛騨っぽいが、地域区分でいうとれっきとした美濃である。ただ地域区分が曖昧とはいえ、観光都市としての知名度は非常に高い。中心地の八幡町エリア、いわゆる郡上八幡は、「日本三大盆踊り」の郡上おどりで有名だが、それにもまして、地域の財産ともいえる水に注目し、観光を主体としたまちおこしに成功している観光都市だ。

市の統計による郡上への観光入込客数は約650万人。県内一の観光地といわれる高山市の推計が約400万人なので、数え方が違うのだろうが（どうやら観光客数の延べ人数でいうと高山は約７６０万人らしいけど）、まあ細かいことは抜きにしても、郡上の観光客がケタ外れに多いのは確かだ。

南北に流れる長良川と支流の吉田川の合流地点に市街地が形成されている郡上八幡は、網の目のように張り巡らされている水路が有名だが、豊かな水環境と伝統の水文化を持っている「水の町」として広く認知されるまでには、けっこう時間もかかっている。

１９７０年代半ばに八幡町の有志が水環境の保全を町政に働きかけたが、井戸、用水路、水辺の遊歩道などの公共空間の整備が本格的に始まったの80年代半ば。同時期には古い建造物の保存運動も始まり、90年代になると「まちづくり協議会」が発足し、水路と古い街並みの景観維持に官民一体で取り組むようになった。さらに２０００年代になると、空き家の有効利用やコミュニティバスの運行も始まった。

こうして時間をかけてまちづくりに取り組んできた郡上がブレイクしたのは、マスコミで取り上げられるようになったこともある。とくにテレビの影響は大きく、吉田川にかかる新橋から子供たちが飛び込む光景や、郡上八幡と水をテーマにした大和ハウスのＣＭも大きな反響を呼んだ。

また、長良川水系で水と共に生きてきた郡上八幡は、かつて長良川河口堰問題の象徴となり、その点でも世間から大きな注目を集めた。そして、その河口堰建設には地域内が賛成派と反対派に分かれ、街全体が大きく揺れたという。結局、河口堰は１９９５年に運用が開始された。だが、長良川上流ではその影響が確実に現れた。鮎の遡上が減り、サツキマスの漁獲高も激減したのだ。この件は当然、進められてきたまちづくりにも影響を与えた。ただ、これからの郡上八幡はどうすればいいのか、みんなが改めて考えるいいきっかけになったという。

美濃とは思えないウェルカム精神

郡上八幡のウリである「郡上おどり」は、今やすっかり観光化されて名物として定着した。こうした地元に根付いてきた伝統芸能は、何かと排他的なものだが、郡上おどりは非常にオープン。観光客でも踊りに自由に参加できるし、衣装だってうるさくない。そんな気軽さも人気を呼び、夏に郡上おどり目当てでやってくる観光客は20万人を軽く超えるという。ただ、イベント化されたことで、地元民の踊り離れを招いたようだが、その保存会は世界に進出するなどの活躍も見せている。

フリーな郡上おどりでもわかるように、郡上八幡の地域性は意外とオープンだ。古い街並みが広がる市街地は観光地化されているものの、空き家が数多く存在している。空き家は、誰も住まなければ普通は壊されるが、郡上八幡では景観維持のためにそれもおいそれとできない。そこで活用されているのがヨソ者の力である。外の人間に空き家を貸して活用することで、街に変化を促し、活性化させようとしている。地元ではこうした取り組みに賛同して協力する人も多いという。

郡上八幡のまちおこしの成功は、確固たるテーマ（水）を決めての地道な取り組みと、交通の要衝で各地から人が集まってきたことで育まれたオープン精神がもたらしたといってもいい。そんな保守的じゃないところもまた美濃っぽくないいんだよなあ。

※　※　※

郡上八幡は県内屈指の人気観光地。だが他の地方都市と同じく人口減少が悩みの種。２０２０年４月１日現在の郡上八幡の人口は４万８８２人。２０１５年同月の人口が４万４１５８人だから、５年で３０００人以上も減少した。その主な要因は若者の流出だ。地元の若者の多くは高校を卒業し、進学や就職のため都市部に出ていく。しかもそのまま都市部での生活を続けるケースが多い。一方で実家は親が亡くなれば家を取り壊し、維持すれば空き家となり、管理がずさんだと廃墟化して、郡上八幡の景観を損ねてしまう。実際、市内で空き家が増加したため、移住者に貸し出す取り組みを行ったことは本編にも書いた。さらに現在はＵＩターン者を増やすべく、地元ＮＰＯ法人が旧工場をリノベーションし、シェアオフィス＆コワーキングスペースの運営を続けている。働く場が無いならつくってしまえというわけだ。

観光都市・郡上八幡は、街を「終の棲家」としてもらうべくそのフィールドづくりを積極的に推し進めている。「行きたい」と「住みよい」が両存する街になれるのか、郡上八幡の今後に注目したい。

司馬遼太郎が「日本で最も美しい山城」と称えた郡上八幡城。木造再建城としては日本最古で、郡上のシンボルともいえる建物

名物の郡上おどりは、観光客も自由に参加できるなど、伝統芸能にしてうるさい縛りがあまりない

岐阜県コラム 5

不思議県・岐阜で生まれた口裂け女

私の記憶が確かなら、口裂け女の噂が出回ったのは小学校高学年の時だったと思う。1980年代に入るかどうかぐらいの頃だ。その頃の筆者はテレビの心霊写真特集も見られないウブで怖がりの子供だったから、「口裂け女がついに茨城（↑出身地）に上陸！　〇〇（↑近くの町）まで来てるらしいよ」なんて話を聞いてビビりまくっていた。帰り道に遭遇したらどうしようと、人の多い表通りを通って家に帰った記憶がある。

口裂け女は噂が出回った地域によって、若干人物像に違いがある。出会った際に「わたしキレイ？」と聞かれて「キレイ」と答えると、「これでも～？」とマスクをとって裂けた口を見せる、「キレイじゃない」というとハサミやカマで襲われる……というのは茨城でも変わらないが、赤いコートを着ていて、100メートルを5秒で走るとされ、逃げるのは不可能。そこで必要な回避アイテム

が「べっこう飴」だった。口裂け女の大好物で、あげると許してくれる、あるいはなめている間に逃げ切れるということだった。なもんで、とりあえずべっこう飴を買おうと思ったら、どこに行っても売り切れで超ショックだったことを覚えている。でもまあ、クラスのスネ夫みたいなヤツが学校にべっこう飴を持ってきて自慢げにしていたので、ありがたく頂戴しときましたとさ。

今じゃだいぶオカルトに免疫もでき、この手の話もけっこう平気で、今さらながら口裂け女にも興味がわいてくる。しかも今回、口裂け女の発祥地といわれる岐阜に行くというので、記念に発祥地のひとつとされている各務原の寒洞池まで行ってみた（写真）。まあ、雪が降りしきる中で見た池の様子は、考えていたよりずっと不気味。口裂け女というか、幽霊が出てきてもおかしくない「嫌〜」な雰囲気で、なかなかパンチがあった。ただ、口裂け女のルーツは、各務原市の寒洞池のほかに、郡上市（白鳥村）、岐阜市（鶯谷トンネル）、多治見市（13号トンネル）、美濃加茂市（伊深村）、大垣市（某精神病院）など、県内のそこかしこにある。また、八百津町でトイレから出てきた老人が玄関前で口裂け女に遭遇して腰を抜かしたという記事が週刊誌に出ており、八百津町を発祥地の本命という超常現象研究家もいる。

でもなんで岐阜なのか？　ツチノコといい口裂け女といい、岐阜はＵＭＡや不思議議現象だらけである。日本のど真ん中なので、こうした都市伝説を全国に拡散させやすかったからかもしれない。

第6章
大垣でもまとめられない
バラバラな西濃

岐阜にライバル心を燃やして発展してきた大垣

県庁誘致の失敗が不幸の始まり

西濃は岐阜県内で最も畿内に近く、東西を結ぶ結節点として古くから栄えた地域である。その中心の大垣といえば、県民や岐阜出身者にも「岐阜県で大都市といったら岐阜と大垣やで」と、ツートップ扱いされているものの、あくまでもポジションは県内ナンバー2。ただ、歴史の歯車がうまく噛み合っていれば、ナンバー1になっていたかもしれないだけに、大垣民はナンバー2に歯がゆい思いを抱いているかもしれない。

明治期、廃藩置県とその後の府県統合によって岐阜県が誕生し、手狭になった笠松庁舎から県庁を移転させようとなった。その時、大垣は県庁の誘致運動を行った。

江戸期を通して当地を支配した戸田氏10万石の大垣藩は、美濃きっての雄藩で、政府高官の小原鉄心（元大垣藩の城代）も積極的に県庁誘致に動いた。ところが、都市の規模、人材、経済、文化、教育など、すべて申し分のない最有力候補だったにもかかわらず、県庁の移転場所は、交通の要衝でも何でもない厚見郡今泉村に決定してしまう。失敗した理由は定かでないものの、当時の岐阜県令（長谷部恕連）を筆頭に、県庁内の主流派だった旧福井藩士と小原鉄心が不仲だったからとされる。

県庁が移転した今泉村は周辺の岐阜町などと合併して岐阜市となり、岐阜市はその後も旧稲葉・山県・本巣・羽島郡の各町村を吸収しつつ、今や人口40万超の中核都市に成長を遂げた。一方の大垣はといえば……ひとつのつまずきが不幸の始まりで、その後、大水害や濃尾地震の影響で人口が激減。１９００年に木曽三川の分流改修工事が完了するまで低迷を余儀なくされたのだった。

岐阜のいち早い発展が大垣の工業化に寄与？

さて、県庁を今泉村（岐阜市）に持っていかれた大垣民。県庁移転のいざこざが2つの都市の対立を生むのは地方ではよくあることだが（群馬の前橋や高崎のようにね）、岐阜に対する「金にがめつい、商売（金儲け）しか能がない」という大垣民の愚痴はさておき、その後の大垣は岐阜との競い合いによって発展していくことになる。

大垣と岐阜は、どちらも大正期から繊維業をベースに都市化が進められたが、県庁所在地の岐阜のほうが交通インフラの整備などで何かと優遇されたため、大垣の都市化は遅れた。

しかし、インフラ整備が追い付いてくると大垣も反撃に出る。積極的に工場誘致を仕掛け、繊維業が下火になったことで撤退した繊維工場の跡地に、化学・機械系の工場を誘致。さらに名神高速の大垣ICが開通したこともあって、運輸業の発達も促された。同時期に岐阜も工場誘致に動いていたが、大垣には勝てなかった。岐阜と比べて都市化が遅れていた大垣では、工場建設用の広い敷地が容易に確保できる強みがあったのだ。まるでウサギとカメ。先に走った岐阜がウサギなら、ゆっくりとした歩みで勝った大垣はカメといったところだが、大垣は工業都市としてますます発展し、対する岐阜はおのずと本分の商業に力を入れることになった。

岐阜と大垣に燻る対抗意識

お互いに競争しながら異なる発展を遂げた大垣と岐阜だが、両市の対立感情は今も燻っており、とくに大垣共立銀行と十六銀行に見られる、大垣（西濃）と岐阜の政財界の対抗意識はけっこう激しいようだ。さらに、破綻した「岐阜エフエム放送」の問題では、岐阜新聞と中日新聞の対立が表面化したが、大垣にその本社が置かれたというのが火に油を注いだともいわれる。岐阜エフエム放送（現「エフエム岐阜」）は2001年に開局したものの、その後すぐ、岐阜市に民間FM局が開局している。また、岐阜市に本拠地を置くプロサッカークラブ「FC岐阜」のホームタウンは一応、岐阜〝全県〟だが、ちょっと年端

多くのIT企業が入る大垣のソフトピアジャパンセンタービル。中部地方のIT拠点となれるか？

のいった大垣市民や大垣出身者に聞くと、「岐阜市のチームだから愛着が持てない」という声がチラホラ。以前は岐阜市以外（とくに大垣）ではスポンサーを獲得しづらいということもあったそうだ。県にすればサッカーを友好の懸け橋に、という思いもあるようだが、そのためにはやはり将来的にＪ１入りが必要かもね（経営状況は相当苦しいようだけど）。

……と、何かといがみ合ったりしているが、大垣にとっては岐阜という競争相手がいるからこそ今の発展があるわけで。これからもどんどん張り合っていけばいいんじゃないでしょうか。

「住みよい街」となった大垣の南北再開発の現状

岐阜市と同じく駅周辺再開発に奮闘中！

「空洞化が激しい岐阜県は地方の典型。郊外への大型商業施設の出店ラッシュで、県庁所在地の岐阜市でも中心市街地は寂びれている」とは、取材で岐阜県に来る前に聞いていた話。空洞化の最大の要因はモータリゼーションの進行だが、県下第2の都市の大垣でも、中心市街地への買い物客が減り、地元商店街の衰退が激しい。大垣駅南口から伸びる目抜き通りの両脇に形成されたアーケード商店街は、味わいこそあっても人通りは少なく活気が感じられない。

岐阜市では中心市街地に人を呼び戻そうと、ＪＲ・名鉄岐阜駅の周辺で大規模な再開発が長年に渡って進められ、歓楽街の柳ケ瀬にもようやく大ナタが振るわれつつあるが、大垣も駅周辺で再開発事業が進められてきた。大垣の再開発の名目は、「観光・交流拠点として中心市街地を整備し、商業を再生させる」こと。そして「中心市街地への居住を推進する」ことだ。

前者は大垣城を中心としたまちづくり構想で、観光拠点を整備して観光客を呼び込むと共に、駅の南北を一体化させた商業集積地をつくって、中心市街地に人の流れを生み出そうというもの。後者は中心市街地の居住環境（マンションや住宅地）を整備し、定住人口（生活者）を増やすことで街を活性化させようというもの。だが、これらの再開発事業がすべて順調に進んでいるかといえば、実際はそうでもない。

住宅環境の整備が活性化の突破口!?

たとえば大垣城を中心としたまちづくり構想では、2005年度に市が「大垣城郭整備ドリーム構想」を策定したものの、市民も「あれ今どうなっているの？」というくらい、忘れ去られた状況になっている。

大垣駅周辺の再開発では、北口のオーミケンシ跡地にアクアウォーク大垣が２００７年に開業した。当時、周囲に競合店がひしめくなか、行き当たりばったりの開業と酷評され、実際オープン当初は苦戦していた。ところが２０１４年に同跡地内にディスカウントストア「ラ・ムー」やヤマダ電機などが相次いで開店。以降、北口全体は大きなにぎわいを見せるようになった。

一方の南口では、２０１７年に「大垣駅南街区第一種市街地再開発事業」が完了。まちなか居住を目的とした、住宅(マンション)、商業施設、公共施設(子育て支援センター)が同居した「スイト（水都）スクエア大垣」が誕生。しかし、北口の大型商業施設と比べて集客力が期待できる施設でもないし、商店街も基本的に現状のまま。駅の南北の回遊性を高めて人の流れをつくり出そうというけれど、人が集まるのは北口であり、にぎわいの面で南北格差ができてしまっている。北口のアクアウォーク大垣に隣接する一等地に造成された分譲住宅地「ガーデンテラス大垣駅北」の売れ行きもかなり好調のようで、そうした状況も南北格差を助長している。

現在、大垣の住宅需要は確実にある。美濃南部の絶望的な道路渋滞事情を考えれば、電車の果たす役割は大きいし、名古屋まで約30分、岐阜までは約10分、始発電車も多い大垣は便利。駅近で広めの住宅が手ごろな価格で手に入れられるのも大きな利点で、名古屋市の中心部、名古屋市東部の住宅地と並び、中部圏の第三極として居住ニーズが集まっている。しかも大垣には今大きな流れも来ている。東洋経済新報社の住みよさランキング（２０２０年）で全国27位、県内１位に輝いたのである。これは間違いなく大垣の箔となる。

大垣は現在「子育てしやすい街」を掲げ、移住を促している。確かに大垣は駅前に大きな商業施設があり、大病院も揃い、自然も豊富。とくに水都というだけあって水は強みで、豊富で良質な地下水に恵まれ、水道料金の月額は全国26位の安さを誇る。ここに先に挙げた立地の良さも加わり、市の「中心市街地への居住を推進する」という目論見は、着実に実を結びつつあるようだ。

伝統地区の再開発に未来はあるのかないのか

もちろん大垣駅の南口をさらに開発し、魅力的な物件をもっと供給できれば、中心市街地の定住人口は増えるだろう。そうなれば中心市街地活性化の突破口にもなり得るかもしれない。

実は大垣に住みたいと答える人のなかには、その魅力として昔ながらの店（老舗）が多いことを挙げる人が意外と多い。大垣といえば伝統のある城下町。市内には老舗の名店も多く、それらをめぐるバスツアーも企画されているほどだ。そうした老舗が集まるのが南口側なのである。

そんな声を知ってか知らずか、南口方面での大規模な再開発計画が進められている。それが郭町東西街区の再開発（以下：郭町再開発）だ。この事業は、2020年度にようやく事業協力者の募集に向けた調査を開始する。ただ計画はすでに2018年には動き出しており、市は「大垣市郭町東西街区地区事業化促進検討業務」として、UR（都市再生機構）に委託。準備組合の設立や、事業協力者の公募準備に関する支援を受けていた。それがいよいよ具体的なかたちで動き出したというわけだ。

郭町地区はそばに大垣城があり、その名からして城とも縁が深い伝統ある地区である。そして郭町といえば、その寂れ具合が美し過ぎる商店街が魅力的だ。

大垣駅南口にのびるアーケード商店街は、駅前から新大橋交差点までが大垣駅前商店街で、同交差点から南に伸びるのがOKBストリート大垣郭町商店街(以下:郭町商店街)。道路を挟んで2つに分かれ、それぞれWESTとEASTに分けられている。

郭町商店街に来るといきなり目に飛び込んでくるのが、アーケードの上部にあたる店舗の2階以上部分。その見た目はかなりぶっとんでいる。これを懐かしさ満点といっていいのか、その部分だけを切り取ればまるで戦後のバラックのよう。街歩きが好きで最近は雑居ビル評論家なんて大層な名(?)で呼ばれている筆者からすれば、まさしく「ヨダレもの」の建物なのである。

先の郭町再開発の対象エリアは、大垣城の真向かいにあたり、郭町商店街のEASTとWESTの一部をまたぐ1・35ヘクタールの土地。ここに城前広場やマンションが整備されていく予定だ。つまり天然記念物のようなレトロ建築はここから姿を消すこととなる。こうした防災基準を満たさない建築物は、地震大国の日本で淘汰されていくのが運命ではある。ただ長年守り続けてきた建物は一度壊すともう元に戻らない。リノベなりで外観をうまく保存して使い続けるのもひとつの手に思えるが、江戸時代の建物ならまだしも昭和の建物には保存する価値なんてないのだろうか。

郭町商店街も地方商店街ならではの問題に直面している。空洞化に加え後継者不足の店は経営意欲が薄く、閉店したがっている。対して後継者がいる店は若い後継者を中心に経営意欲は高い。だから商店街で集客イベントをやるにしろ賛成派と反対派に分かれ、商店街が一枚岩になり切れないのが現状。だから再開発にも渡りに船と飛びつく人もいれば、そうでない人もいるようだ。再開発を「集客のためのまちづくり」の一環と考えればアリなのかもしれないが、今後の調整はけっこう難航しそうだ。

中心街へのお客を増やして商店街の個人店を守るのはもちろん、大垣のような歴史や景観がウリの街には、伝統や景観も守っていかなければならない責務がある。守るべきものを守り、皆が喜ぶＷＩＮＷＩＮの状況をつくり出すのは、言うが易しで非常に難しい。それができれば大垣は、幸せに暮らせる住みよい街としてもっと評価されることだろう。

大垣駅南口そばにできたスイトスクエア。まちなか居住を推進すべく、商業施設や子育て支援センターなどが入居している

新大橋交差点から撮影した郭町商店街。アーケードの上部、店舗の2階部分はひどくオンボロだが、その寂れ方はある意味、神々しい

思惑入り乱れた西濃の巨大合併トンデモ飛び地も出現！

大垣ありきの西濃広域合併

２００２年、当時の大垣市長が西濃地域20市町村の合併を進めていくことを正式に宣言した。仮にこの合併が実現すれば、岐阜県西部の北から南までを版図とした巨大な市域を持つ、人口およそ40万人の中核市が誕生したことになる。

市長は大合併の理由を「西濃では以前から、事務組合や治山治水事業など共通で取り組んできた素地があり、結びつきは深い。揖斐郡を含め、生活圏も経済圏も一体である西濃全域での合併を目指す」と語っている。しかし西濃地域の一体感を主張する一方で、岐阜市への対抗意識が無かったとはいえない。明治期に岐阜市と県庁の設置を巡って争い、「西濃は西濃だけでやる！」と何かと西濃地域の独立性を主張してきた大垣にすれば、合併で岐阜市がこれ以上大きくなってしまったら（政令市を目指して合併協議を進めていた）、その存在感が薄くなってしまう。だが合併して中核市になれば、県から権限移譲を受け、政令市ほどではないが大垣が独自で決められる行政案件も多くなり、岐阜市とのパワーバランスも保たれる。実際、岐阜市の政令市構想なんて「絵に描いた餅」なわけだから、西濃合併が成功すれば、岐阜とほぼ同格の都市になれるわけだ。

ただ、このように西濃広域合併は大垣ありきの合併だったから、周囲の反発も大きかった。周辺自治体にすれば、西濃広域合併構想とは、新市名を「西濃市」で進めていくことでもあった。ところが大垣では合併後の新市名も「大垣市で」というのが不文律だった。周辺自治体からすれば、大垣市長の言う「西濃の一体化や互助、共生のための合併」なんて嘘っぱちで、都合のいい乗っ取りにしか思えなかったのだ。というわけで、合併協議は最終的に空中分解し、そのリーダーとして動いた大垣の市域は「いびつ」な形になった。

大垣を中心とした西濃大合併決裂経緯

2001年5月	西南濃12市町で 「西南濃地域合併調査研究会」設置
2002年5月	大垣市が養老郡、不破郡、安八郡、 海津郡、揖斐郡に20市町村での 合併協議を申し入れる
2002年12月	大垣市は池田町と法定協議会 「大垣市・池田町合併協議会」を設置
2003年2月	大垣市、養老町、上石津町、垂井町、 神戸町、輪之内町、安八町、墨俣町、 池田町の9市町で、法定協議会 「西濃圏域合併協議会」を設置
2003年3月	大垣市・池田町合併協議会が解散
2003年4月	西濃圏域合併協議会に関ケ原町が加入
2004年8月	安八町が協議会から離脱を表明
2004年11月	関ケ原町、垂井町、神戸町が 協議会から離脱を表明 大垣市、上石津町、墨俣町、養老町、 輪之内町、池田町での合併を検討するも 養老町と輪之内町が離脱
2004年12月	池田町が協議会から離脱を表明 大垣市、上石津町、墨俣町は 飛び地合併を検討
2005年2月	大垣市、上石津町、墨俣町で 法定協議会設置
2006年3月	新・大垣市が誕生

※各種資料より作成

揖斐郡と海津郡はほぼ協議に不参加

合併破綻までの経緯を見ていくと、そもそもあまりにも巨大な合併構想だっただけに、「急に言われても……」という感じで西濃の足並みははじめからそろっていなかった。大垣が提唱した西濃広域合併は20市町村を対象としたものだったが、実際には揖斐郡（池田町以外）と海津郡が法定協議会への参加を見送っている。

その揖斐郡では大垣から合併の提案があった2002年に、全8町村で法定協議会を設置している。その後、池田町が大垣との合併協議に参加を表明して離脱。7町村での法定協議会が改めて設置された。ところが今度は大野町が旧揖斐川町と市庁舎の場所を巡って対立し、協議会から離脱してしまう。大野町は単独町政継続を決め、最終的に6町村で合併して「揖斐川町」となった。合併しても市じゃなく町のままなのは、大野町の離脱によって市となる人口要件（地方自治法では5万人以上だが、当時は合併特例法で3万人以上）に届かなかったからである。

一方の海津郡3町は比較的財政が健全だったため、西濃の枠組みでの合併は、財政面の不安、行政サービスの低下懸念、住民や事業所の税負担の増加などデメリットが多いと判断。ただ、3町内の住民アンケートでは「合併は必要」とする意見が圧倒的多数で、その枠組みも約7割の住民が「海津郡3町」を支持していたから（平田町では大垣との合併協議の住民投票が行われて反対多数）、郡内での合併を選択した。ところが新市名を平田、南濃、海津の頭文字をとって「ひらなみ市」に決定したことで協議が紛糾。住民が新市名に猛反発して合併そのものが迷走し始め、結局は無難に「海津市」に落ち着き事なきを得た（ほかに候補は木曽三川市や輪中市、治水市などがあった）。さらに新市庁舎の場所でも揉めたが、こちらは海津町役場にすることに決まった（2015年1月に海津・平田・南濃3庁舎を統合した新庁舎が旧海津町役場の隣に完成）。

揖斐郡も海津郡も合併協議では揉めたものの、昔からつながりの深い地域だ。しかも似たような規模の自治体同士による「対等合併」だっただけに、結果的にはうまくまとまったのである。

安八が落とした「離脱」の爆弾

さて、ここからがいよいよ本題だ。大垣との合併協議の席に着いたのは当初8町のみ。大垣のもくろみ（20市町村による合併）とは異なり、かなりスリム化されている。関ケ原町は当初、「西濃圏域合併協議会」に参加せず、オブザーバー（立会人的な立場）として会議のみに出席していたが、合併話が進んでくるとあわてて協議会に加入し、トータル10市町で合併話が進められることになった。この合併が成功すれば人口はおよそ30万人。大垣が希望する中核市の要件は満たしていた。

大垣とすれば、これらの9町は大垣への編入合併に同意するだろうとタカをくくっていた。だが協議会では、市名（西濃市か大垣市か）の問題や、広域行政になって財政が圧迫されて十分な福祉政策が維持できるのかなどなど、各町から不協和音が飛び出し、かなり紛糾したという。それでも何とかかんとか合併調印までこぎつけた……ように思われたが、なんと直前になって安八町が離脱を表明したのである（しかもほぼ町長の独断！）。この安八の動きによって、合併に了承しながら不満もあった神戸町、垂井町、そして途中で「協議会に入れてほしい」と参加した関ケ原町まで、雪崩式に合併の枠組みから離脱していった。この3町では事前に合併の賛否を巡って住民アンケートも行われたが、3町すべてで反対多数という結果に。それまでの合併協議がいかに住民意思を無視したものだったか、ということだろう。

こうして大垣がもくろんだ中核市構想は白紙となり、養老町、輪之内町、池田町も次々に離脱を表明していったのである。

安八と墨俣で起きた合併決裂の余波

突然の離脱宣告に怒り心頭だったリーダーの大垣だが、事の発端の安八はというと、同じ安八郡の輪之内町や墨俣町に、ちゃっかり合併のラブコールを送っていたようである（ついでに羽島市にも）。ところが輪之内町はもともと西濃合併の枠組みに残りたかったこともあり決裂。墨俣町は安八町になびかず、「飛び地になってもいいや」と大垣に付いた。のちに大垣とくっついた墨俣町と上

石津町（地理上はくっついてないけどね）は人口も少なく、合併しなければ将来的に行政が成り立たなくなる不安もあり、ならばと大垣に吸収されたのだ。まあ大垣と墨俣は、昭和の大合併で飛び地合併が模索されたが（2市町間では合意）国と県政府に了承されず破談になった歴史はある。墨俣にしちゃ財政面で不安のある安八より、大垣を選んだのは当然の選択であろう。

だが、たとえ安八が反旗を翻さなくても、結局は多くの町が離脱したのでは、というのが大方の意見である。養老町は人口も多く、単独でも大丈夫だろうと踏んでいたし、近隣の上石津町に合併を持ちかけようと考えていた。池田町は、西濃圏域合併協議会の設置以前にも「大垣市・池田町合併協議会」が設置されたほどで、大垣との合併協議には前向きだったが、その裏で住民による反対運動が積極的に展開されていた。単独でやっていける実力があるのに大垣と合併したらオイシイところを持っていかれる、大垣だけ優遇されてババを引く、というのが反対派の大まかな理由だが、町議会は民意を受けて合併にNOを突きつけている。日和見の関ケ原町も単独で垂井町に合併を持ちかけたが失敗している。ホンモノの関ヶ原のように敵（垂井とは仲が悪い）の調略はうまくいかなったようである。結局のところ、みんな大垣に吸収されたくなかったのだ。

合併は決裂し、墨俣町と上石津町以外は元のさやに戻った。だが合併の余波は続いた。墨俣の飛び地合併を発端とした大垣と安八の対立は、墨俣に建設される予定だった下水処理場問題に飛び火した。もともと予定地が安八に隣接していたため安八側が猛反対していたが、合併協議が進んでいたこともあって事

西濃合併が瓦解したきっかけは安八の反乱だった。合併協議離脱は町長の独断だったという話も

態は収束していた。ところが合併が決裂したもんだから再び事態が紛糾。1999年に認可を受けた墨俣の下水処理場の稼働は、2013年までかかってしまった。墨俣の大垣入りがおもしろくない安八の嫌がらせという見方もあるように、合併決裂の傷跡は深く、今もまだ火種が燻っている。

3県の境界都市海津の過疎化がなぜか止まらない

大都市圏の街なのに地方の農村みたい

低地らしく水場や田んぼばかりで、北部の飛騨とはまるっきり違う景色が広がる県最南端の都市・海津。市の中央には揖斐川、東に長良川と木曽川が流れ、かの宝暦治水の舞台となり、市内には薩摩義士の墓や治水工事の犠牲者を祀る神社もある。市域の半分以上が輪中地帯で、海抜はゼロメートル（南濃エリアには山がちょっとあるけどね）。地上高く建てられている古い家を見ると、人々が水害と隣り合わせで生きてきたことがうかがい知れる。

海津の南部は愛知と三重に隣接する結節点で、名古屋にもそこそこ近く、国道や県道が縦横に走る要衝である。だからといって海津が都市化しているわけではない。むしろその逆だ。水の恵みと平地を生かした穀倉地帯で、産業別就業人口割合を見ても、第一次産業が約7・4パーセント。県平均の3・2パーセントと比べて倍以上高い農業都市である。というわけで、名古屋圏の近郊都市のひとつにもかかわらず、人口減少や若者の流出、少子高齢化など、地方の農村地帯と似た悩みを持っている。

海津郡3町が合併した2005年の人口はおよそ3万9400人で、名古屋圏の近郊都市で最小の人口密度だった。それが2014年にはおよそ3万7200人と2000人近くも減った。スカスカ感も増幅されていることだろう。場所柄、ベッドタウンになってもおかしくないのに、転入より転出が上回る状況がずっと続いている。若年女性が少なく、日本創成会議に「消滅可能性都市」の烙印を押され、将来の過疎化も危惧されているのだ。

農業都市の海津だけに、市民の就業先は高齢者を中心に農業に特化しており、それに続くのが製造業。もちろん就業先が愛知や三重（とくに桑名）という市民もけっこう多い。ただ、名古屋などの大都市に近いわりに通勤・通学インフラが弱いのがネックで、電車は南濃エリアを通る養老線のみ。海津・平田エリアの住民は羽島まで出るしかないのが現状だ。道路にしろ、3県の結節点であるため、慢性的に渋滞している。

かつて道路や鉄道が整備され出した頃は住宅ニーズがそれなりにあったというが、現状がこれではさすがに転入者（ファミリー層）は増えないし、大規模な住宅地も造成されない。人口が増えないから市内に大型商業施設もできず、市民は桑名、稲沢、大垣、羽島など県内外の都市へ買い物に向かう。だから海津市役所周辺などの中心市街地に空洞化が起きている。完全に負のスパイラルである。

また、人口の流入や雇用を生む企業誘致にしろ、農業を振興させる目的で長年土地の利用規制がかかっており、工場用地への転用が難しいという弱点がある（ついでにいうと住宅用地への転用も難しい）。さらに転用できる土地があっても交通の便が良く平地のため、企業側にすれば意外に用地取得費が高くつくようで、この点でも工場立地がなかなか進まない。

伝統の農業を守る意識が強く都市化が進まない、買い物も不便で娯楽も少なく若者が住みたいと思う街になっていない、魅力的な雇用が無いから地元に若者が残らないなど、人口減少の要因はあるが、そもそも地元民の生活・文化圏が愛知・三重・岐阜のミクスチャーで交流も盛んだから、隣県への転出にまったく抵抗がないというのもある。地元志向が強い岐阜でも、海津市民には県境の街ならではの独特な思考があるのだ。

お隣の桑名のように名古屋のベッドタウンとして発展してほしいという地元の若年層の声はある。だが現実感はまるでないし、それよりも大都市圏に作物を供給する農業都市として、若者を農業に引っ張り込むほうが、人口減少や若者の流出に少しでも歯止めがかかるのではないだろうか?

※　※　※

海津市の人口は、2020年4月1日付で3万3966人。5年前と比べて約3000人減少している。対して世帯数は5年で約220戸の増加と、世帯数が増えているのに人口が減少している。これは昨今の日本全体にもいえる特徴。我が国では単身世帯や夫婦世帯の増加で世帯数は増えているが、子供の減少で世帯人員が少なくなっており、トータル人口は減少しているのだ。

海津はベッドタウンというより農業都市である。そのため長年地元で暮らし

海津は市域のほぼ半分が輪中地帯といわれる。昔から住民は水害と隣り合わせで生きてきた

ている市民が多い。一方で子供がいない夫婦世帯や単身世帯も多く住んでいる（このなかには実家暮らしをせず地元に家を買って住んでいる夫婦もいる）。その理由には名古屋や大垣といった大都市に比較的近く、住宅費が安いこともある。つまり、海津は人を流入させる立地的な強みは持っているのだ。とすれば、流入してきた人をいかに定住させられるかが重要になってくる。宅地開発、商業施設の誘致、行政サービスの充実などなど、海津の過疎化を止めるためにすべきことは多い。

岐阜県コラム 6

地域密着型の西濃運輸硬式野球部

岐阜は野球熱が高い県である。甲子園では春夏で優勝経験があり、近年はやや不振だったが2019年の夏に中京学院中京（現中京高）がベスト4に入り、その中京と県岐阜商、大垣日大の3校が高校球界を引っ張っている状況。だが、岐阜で忘れてならないアマチュア野球チームといえば「西濃運輸硬式野球部」（以下、西濃運輸野球部）であろう。

日本のアマチュア野球の華は、甲子園で開催される全国高校野球大会である。国内のアマ球界は少年野球を経て、高校野球、大学野球、社会人野球と続いていくが、人気は甲子園大会が全国放送される高校野球を頂点に、次が大学野球。社会人野球は人気どころか一般的な認知度も低い。しかも近年は景気悪化もあり、維持費がべらぼうにかかる野球から企業が撤退するケースが相次いでいる。日産自動車、NTT九州・北海道・四国、シダックス、住友金属、プリンスホテルと

いった社会人チームが次々と廃部になるなど印象も悪い。地域密着型の独立リーグも誕生し、ますます存在感が薄くなる社会人野球。完全に冬の時代である。

１９６０年に創部した西濃運輸野球部は、西濃運輸をはじめ大垣市の支援も受けている地域密着型チーム。元プロ野球選手や甲子園を沸かせた球児の入部も多く選手層はあつい。都市対抗野球に37度（２０１８年まで）も出場している名門だが、意外にも優勝したことはなかった。初優勝は２０１４年のことで、創部55年目にしてようやく黒獅子旗を手にした。大垣市内では優勝報告会と祝賀パレードも行われ、１万６０００人の観客が訪れたというから、場所によっては、まだまだ社会人野球も捨てたものではないのかもしれない。

ただ、社会人野球全体を盛り上がるには、アマ球界が一枚岩にならなければやはり難しい。だがアマ組織にはまとまりがない。学生野球は高野連(高校野球)と全日本大学野球連盟(大学野球)に分かれ、社会人野球は日本野球連盟が仕切っている。少年野球に至っては、統括組織がいくつもある。体質だってこう言っちゃなんだが「旧態依然」としている。こうした複雑怪奇な形態がアマ全体の発展を阻害しているといえよう。

野球人気が低迷し、競技人口も減少している昨今、プロ野球はもとより、底辺を支えるアマ球界の盛り上がりがなければ、本当の意味での野球人気復活はない。

第7章
先端都市と没落タウン
鮮明になった東濃の明暗

リニア決定でも盛り上がらない中津川の心配事

浮かれたところが皆無！　街に漂うビミョーな空気

長野県の山口村と合併し、平成の大合併において日本で唯一の越県合併を成功させた中津川。棚ぼたで手中に収めた馬籠宿は、県内で11番目の年間66万7495人（平成30年岐阜県観光入込客統計調査）の観光客を集める人気スポットだ。加えて2027年に開通予定のリニア中央新幹線の駅誘致も、ライバルを出し抜いて（といっても何をしたわけでもないが）成功した。21世紀を迎えて人気観光スポットと夢のインフラを手にした、したたかな中津川の未来はバラ色だ！　と思って乗り込んでみたのだが、JR中津川駅前に漂っていた空気はスギ花粉混じりのどんよりしたものだった。

中津川市のリニア計画への取り組み経緯

1978年5月	「中央新幹線下呂線中津川線建設促進特別委員会」設立
2000年10月	「リニア中央新幹線建設促進中津川市民の会」設立
2010年3月	「リニア中央新幹線岐阜東濃駅設置促進協議会」設立
2011年10月	まちづくり課を「リニア推進課」に改称 「リニア中央新幹線庁内推進本部」設置
2012年4月	「リニア中央新幹線推進局」設置
2013年8月	「リニア推進坂本事務所」設置
2013年9月	JR東海が駅の位置と路線の具体案を公表 岐阜県の駅は中津川市のJR美乃坂本駅の北西に設けられることが明らかに

※各種資料より作成

駅前で数人の地元民に話を聞いてみたのだが、リニアへの期待感は感じられない。「経済効果への期待から住民の7割くらいは賛成している」というものの、そのわりにはリアクションに熱が無い。正直、盛り上がっている感はまったく無かった。中津川駅とリニア駅が離れていることも影響しているのだろうか？　しかし「JRの駅は残るわけだから、リニアが開通してここが寂れることはないんじゃないの？」と、その点に関してはけっこう楽観的だった。

そこでリニア駅の建設予定地に

程近い美乃坂本駅で改めて取材を試みたのだが、ここで驚きの事実が判明する。期待感の薄さは中津川駅前の比ではなかったのだ。「薄い」なんてもんじゃない。もはや「皆無」といっていい状態だった。暇そうに客待ちをしているタクシーの運ちゃんは、「どうせ1時間に1本くらいしか停まらないんでしょ？　これといった観光スポットも無いし、降りる人がいないんじゃないの？　ここから東京に行くことはあっても、こっちに客が来るなんて考えられないね」と投げやりだし、駅前の住民からは面倒臭そうに、まったく盛り上がりがないと言い切られる有り様。いやはや、どーなってるの⁉

中津川民の頭をよぎる岐阜羽島の沈没ぶり

それにしても、なぜこんなにシラケムードなのだろうか？　その一因は、タクシーの運ちゃんの話の中に見出すことができる。「駅の予定地？　行ってもわからないよ。用地買収はこれからなんだから」。駅や車両基地の建設予定地は決まったものの、実際に用地取得が行われるのはこれから。工事が始まるのはさらに先の話である。将来的にはほぼ間違いなくここにリニアが走っているはずなのだが、そんな状況では確かに実感もわかない。しかしよくよく話を聞いてみると、反応が薄い理由はもっと別のところにあった。東海道新幹線岐阜羽島駅の惨状だ。

岐阜羽島駅が開業した時、これで羽島は大いに発展するだろうと、県民の誰もが信じて疑わなかった。ところがいざ開業してみると、あてはまったく外れた。駅前はスッカスカで、にぎわいどころの話じゃない。開業から16年後の１９８０年に「ひかり」の一部が停車するようになったものの、東海道線沿線や名鉄名古屋線沿線なら、名古屋で乗り換えたほうが新幹線の便数も多いしアクセスも便利なのだから、わざわざ岐阜羽島へ迂回する必要がない。さらにここが一番重要なんだけど、ビジネスにせよ観光にせよ岐阜羽島駅を利用する必然性を生み出せていない。この岐阜羽島の惨劇が、中津川民の頭から離れないのだ。

確かに、どう考えてみても、リニアに乗った観光客が中津川に降り立つ画が思い浮かばない。最先端のインフラに見合うだけの訴求力のある観光ソフトが、なーんにもないのだ（「リニアの見える丘」だけじゃちょっと弱いし）。初めてリニアに乗るついでに馬籠宿に寄る？　無い無い！　世間じゃいまだに「新幹線をわが街へ！」とぶち上げている自治体も多いが、中津川民のクールな反応には学ぶべきところがあると思う。そもそもインフラ頼みのまちおこしなんて無理なのだ。

でも、せっかくだからリニアを利用したいところ。そこで考えてみたんだが、リニアを貨物輸送に使うことはできないだろうか？　東海道新幹線のような超過密ダイヤを組まれてしまうと難しいけれど、可能になれば物流のスピードは格段に増す。しかも中津川は土地があり余っているから、リニア貨物線を引き入れて物流センターを建設することも可能だ。中央道や国道19号へのアクセスも抜群だし。長距離トラックでは空輸の速さに勝てないが、リニアなら勝負になる。問題は、品川駅や名古屋駅で積荷をさばくスペースが確保できるかどうかなのだが、まあ細かい話は専門家に任せるとして、「リニア貨物ターミナル（仮称）」誘致に乗り出しませんか⁉

２０１５年時点では完全にシラケムードだった中津川だったが、周辺開発の概要が明らかになるにつれ、地元の関心も高まっていったらしい。美乃坂本駅周辺では、開発に期待する声もちらほら聞かれるようになった。

なかでもリニア開業に合わせて、濃飛横断自動車道の中津川工区を例外的に事業を加速させることになったことに、中津川周辺住民も大喜びだった。何せ全通すれば、下呂や高山、郡上までへのアクセスが格段に向上する。となれば、これまで飛騨高山に集中していた観光客を中津川へも呼び込むキッカケになるかもしれないと期待感が高まっているのだ。

また、中央道とのジャンクションも美乃坂本駅周辺に建設される予定で、いわば交通の要衝になるポテンシャルを秘めているのだ。中津川は栗きんとん以外に取り立ててアピールするものがなかっただけに、一気に生まれ変わるチャンスでもある。だからこそ、静岡県知事がゴネて（？）、開業延期に追い込まれそうな現状は気が気じゃあない。地元にも自然破壊を理由に反対する声も根強いし、本当に実現するのか⁉

※　※　※

牧歌的な雰囲気が漂う美乃坂本駅。リニア開業に合わせて、駅舎のデザインも大幅に変わる予定なんだけど、いつになることやら……

撮影するタイミングを考えなくていいほど人も車も通らない中津川駅前。リニア開業で変わるか!?

市民派市長が打ち出した多治見モデルの精神は今

財政危機を救った手腕は認めるもその評判は？

多治見にはかつて伝説の政治家がいたと聞く。火の車だった財政を見事に復活させた前市長の西寺雅也氏だ。その手腕は今も語り草で、西寺氏が行った財政健全化政策は「多治見モデル」と呼ばれ、全国の自治体の中にはその手法を参考にしているところもある。

西寺氏が市長に当選したのは１９９５年。この時の市の経常収支比率は89・8パーセントだった。経常収支比率とは一般財源に対して経常経費がどのくらいかかるかを表している指標で、一般的に市町村の場合は75パーセントを上回らないことが望ましいとされている。つまり、西寺前市長は財政的にかなり厳しい状態での船出を余儀なくされたのだ。

多治見の財政を圧迫していた大きな要因は、西寺氏の前任の市長がハコモノ作りの名人だったことにある。市が毎年まとめている市政概要の沿革を見れば、1979年に就任した前任市長の在任中、まるで子供におもちゃを買い与えるようなペースで、さまざまなハコモノが作られていたことがわかる。しかも、多治見民いわく「産業文化センターみたいに壁面がラウンド型の建物がお好きな方」だったらしく、いかにもお金がかかりそうな立派なものばかり作ったのだとか。当時、多治見民の間では「近い将来この市は破綻する」といった声も上がっていたそうだ。

その結果借金まみれになった財政の立て直しのため、西寺前市長は就任2年目に財政緊急事態宣言をする。そして「市債発行額は歳入総額の8パーセント以内」「10億円を財政調整基金として確保」「人件費、公債費削減」「事務事業・受益者負担の見直しと補助金削減」など財務目標をきっちりと設定した。さらに、情報公開制度を確立し市民に財務状況をつまびらかにすると共に、市民参加制度を作ってさまざまな市民委員会を設置し、市民が行政の運営に積極的に

多治見の行政手法「多治見モデル」の特徴	
1	徹底した市民参加・職員参加による策定手続を確立
2	総合計画（政策）にもとづく組織編制
3	一本の計画で「基本構想」「基本計画」「実施計画」を統合してコンパクトに
4	「実行計画シート」による進行管理を行い、それを公表
5	総合計画によって財政・予算編成をコントロール

※自治労大阪ホームページ参照

加わることも求めた。

補助金の削減など市民に負担を強いる代わりに、行政に参加し物申す機会を与え、懐事情もブラックボックスにしない、というスタンスは賛否両論あったことだろう。市民に聞いてみると、「行動で示すタイプで派手なパフォーマンスは一切なかったから、誰に聞いても評判が良かったというわけではなかった」というのが元市長評だった。だがその結果、市の財政状況はみるみる改善し、2001年には経常収支比率を78パーセントに抑えるまでになった。

絵に描いたような豪腕ぶりを発揮した西寺前市長だが、取材のなかでその人柄に触れるエピソードも聞くことができた。補助金カットを行う一方で、当時市内には無かった福祉施設を造りたいという要望に対して、お金は出さない代わりに無償で市の土地を提供してくれたというのだ。その人は「西寺さんは、応援してくれる人たちのためでなく純粋にこの街を良くしたいと思っていた」と言っていたが、本当に困っている弱者に対しては手を差し伸べることも忘れない人情派だったのかもしれない。

西寺氏の在任中は80パーセント前後で推移していた経常収支比率だが、現市長に替わってからは再び危険水域まで跳ね上がっている。前市長と比較され、さぞかし割を食っているのではないかと思ったのだが、市民に聞いてみると、ボランティア同然で受け手が少なくなっている学校薬剤師の待遇を改善するなど「西寺氏に負けず劣らず理解のある人」という評判だった。こうして手綱を緩めることが財政の圧迫にもつながっているのだが（最低限必要な手当てと考えればやむを得ないんだけど）、緊縮財政の反動か市民からは財政を危ぶむ声は聞かれなかった。

タイプは異なるが多治見は2代にわたって市長に恵まれたことになる。ただ、この間にも多治見銀座商店街や広小路界隈の飲み屋街は衰退していっている。役所のお膝元の盛り場は、その街の活気の象徴でもある。スナックが2軒だけ営業している廃墟と化した横丁こそが、今の多治見の〝勢い〟を象徴しているのかもしれない。

※　※　※

2016年決算時点での経常収支比率は86・6パーセントと、依然として厳しい台所事情に変わりはない。ただ、市長は4期目となり中長期的な財政再建策を講じていて、県内の市部では下から数えて5番目。岐阜市や羽島市など90パーセントを超える自治体よりは健闘している。

むしろ喫緊の課題となっているのは、商店街をはじめとした経済再生。目下のところ、多治見駅周辺の再開発計画を進めており、完成すればペデストリアンデッキや、ヤマカまなびパークにオープンカフェが開設されたりする。また、新規出店を促すために、創業プランなどを応募する「タジコン」を2018年から開催。市民参加型で、さまざまなアイデアを募集している。こうした取り組みが評価され、国からモデル都市にも指定。これにより、国からの補助金も有効活用できるので、資金面は潤沢。あとはソフト面をどれだけ充実させていくかが成功するかどうかカギを握るだろう。

恵那人気質「恵那雑巾」が地域間格差を埋める？

旧自治体間の落差にびっくり！

東濃エリアは、地図上では隣町であっても実際に車で移動してみると意外と遠かったりする。その原因はとにかく山がちなところにある。地形的には恵那がまさにその典型だ。阿木川湖の南部まで来ると車はほとんど走っていない。恵那市街と市南部との交流は想像以上に少なそうだ。山間に点在している市町村は、合併後の地域間の連携が薄かったり一体感がなかったり、何かと大変である。そして大体そういう街では地域間格差が課題となっている。

恵那の中心街に位置する市役所は西庁舎を新設し、保健センターを潰して駐車場にする工事が進められていた。旧岩村町の城下町は、１・５キロくらいにわたって宿場の街並みが残っていて壮観。大型バスで乗り付けた団体客が、「あらまぁ、すごいわね！」みたいな会話を交わしながら歩いていく姿も見受けられ、平日だというのに観光客は多かった。さらに南の明智の街は、大正村の雰囲気を中心地のそこここに漂わせていたが、贔屓目に見ても安っぽさがにじんでいる。街のイメージづくりでは岩村のほうが数段上だ。

これら３つの街に共通していることがある。観光拠点となるエリアの電線の地中化だ。恵那は駅前から市役所付近まで電線の地中化が進んでいて、目抜き通りの両側の住宅街まで野球小僧の坊主頭のようにすっきりしている。岩村は城下町の街並みに電線は一切なかった。明智も大正の香り漂うエリアでは電線の地中化が済んでいた。恵那は全市域を景観計画区域に指定し、城下町や宿場町、山林の保全に努めている。電線地中化の予算には合併特例債が充てられており、保健センターの駐車場転用といい、なかなか賢いお金の使い方をしている街だ。

その一方、岩村と明智の間に挟まれた山岡のように、捨て置かれている街もある。中心地と思しき山岡駅前はわずかに住宅があるほかは田畑のみ。国道３

63号沿いにコメリやコンビニがあるにはあるが、廃墟と化したドライブインやパチンコ店が悲惨さに輪をかけている状態。電線だってしっかり地上に張られている。かといって、山岡にこれといった観光拠点が無いというわけでもない。糸寒天の国内シェア9割を誇る「寒天の街」山岡には、かんてん村パークという立派な観光スポットがあるのだ。観光案内サイト「トリップアドバイザー」の人気ランキングでは、市内の観光スポット19カ所中堂々の最下位！　それでも、突然ロードサイドに現れる寒天作りの釜を使った看板には珍スポットの香りが漂っており、その価値に気付かず平気で捨て置く市の姿勢には疑問を感じる。かんてん村パークの周辺に景観保全の必要があるかと問われれば、もちろん答えはNOである。でも、もう少し何とかならないものか？

合併後の地域間格差はどこでも避けられない問題である。それを補完する仕組みとして、恵那は地域自治区制度を採用している（と思う）。実はこの制度について、市内数カ所で聞いてみたのだが、ことごとく無関心で「知らない」の一点張り。よくぞこんな大事なことに無関心でいられると思ったのだが、調べてみるとこの制度ついて市民の間でほとんど検討されないまま、導入に踏み切った経緯が浮かび上がった。この制度が取り沙汰されたのは、合併協議の最終段階。住民の意見を取りまとめ、合併協議会で議論する時間はない。そこで、合併特例法上の地域自治区制度を諦め、合併後に制度導入可能な一般制度の地域自治区制度の導入となった。合併特例法上の制度は期限が必要だが、一般制度の場合は無期限。見捨てられがちな縁辺地域にとっては、幸いだったかもしれない。

でも、地域格差を解決する糸口は、制度より人にあるんじゃないだろうか。そこで注目したいのが「恵那雑巾」と呼ばれる恵那人気質。簡潔にまとめると「不器用だけど誠実で地道な努力を惜しまない」気質らしい。いわれてみれば話を聞いた誰もが不器用そうで朴訥としていた。しかし、のんびりし過ぎて行政に無関心じゃ、格差解消の道は遠いなー。

※　※　※

恵那市といえば、明智光秀生誕の地。当然ながら大河ドラマ『麒麟がくる』の放映にあたり、市を上げてキャンペーンを推し進めてきた。最近、滋賀県が主張しだして横やりを入れてきたが、なんといっても生誕地としての年季がちがう。産湯の井戸や母・於牧の方の墓所など、けっこうマニアックなスポットもしっかり整備されていて、ゆかりの地めぐりコースなど導線もきちんとしている。「光秀の街」としては、ポッと出の滋賀県なんぞに負けるわけがない。ただ、ご存知のようにコロナの影響で、観光効果は限定的。当初の算段は完全に狂ってしまった。まあ、それでも数人の観光客らしき人が散策しているのは見られたし、コロナ収束後に大きなにぎわいを生み出す可能性もある。

さらに、地元から大きな期待をかけられているのが、2020年11月に開催予定の世界的なラリーカーレース・WRCだ。日本じゃあ地味かもしれないし、大河よりもスケールは落ちるけど、コアなファン層は意外に多く、確実な集客が見込めるという点では、見込みが立てやすい。ただ、ここでもちょっとした問題が発生。恵那市はラリーコースガイドを発行したのだが、なんとそれをもとに暴走行為を働く輩が続出したらしい。このままでは開催する危ぶまれるとして、コースガイドの公表を中止。でも、口コミで広がってる可能性もあるし、名古屋あたりの輩が再び集まってくるかもしれない。なんでもかんでも横やりを入れられるなんて、まったくもって散々である。

小泉純一郎元首相も訪れた岩村の城下町。そんじょそこらの宿場町とはスケールも格も違う！

ロータリーなのか道なのかもわからない山岡駅前。一瞬我が目を疑うほどなーんにもない

イオンの開業が二度の延期　暗雲立ち込める土岐市の野望

巨大イオンモール進出のはずが……

岐阜県民にとって、土岐市といえば土岐プレミアム・アウトレットである。年間約600万人以上の集客力を誇り、すっかり土岐市の顔として定着。「実は県民よりも名古屋民のほうが多く利用している」なんていう声も聞かれたが、土岐市としては人が集まれば、どこの県民かなど関係ない。全国的な知名度もアップしているし、万事オッケーなのだろう。

そんな土岐プレミアム・アウトレットから1キロも離れていない広大な土地で大規模な工事が進められている。土岐民ならおわかりの通り、イオンモール土岐の予定地だ。その広さはハンパではない。敷地面積は約20万平米、延床面積は約９万２０００平米、４８００台の駐車場を完備する予定で、完成すれば中京でも最大級のイオンモールになる。実際に現地を訪れてみると、今も着々と工事が進められていた。現場に張り出されていた看板によると、工事の進捗率は８割を超えているらしい。

だが、逆に言えば、いまだ「８割しか終わっていない」とも言い換えることができる。イオンモール土岐の進出が発表された直後、開業予定は２０１９年に設定されていた。ただ、２０１８年に「２０２１年以降」への延期が決定。当時の理由に挙げられていたのは、東京オリンピックの影響による建築費の高騰。イオンモール側は、より投資効率の高い空白エリアへの投資を優先するとのことだった。

だが、それは表向きで、建築費の高騰だけが問題ではないのかもしれない。というのも２０２０年春には、開業が「２０２２年以降」となり、再度の延期が発表されたのだ。もちろんコロナや工事関係者の人材不足など、昨今の問題が複合的に重なって延期になっている可能性もある。でも、それにしたって、いまだに何の建築物すら建っていないのはどういうことなのだろうか。筆者が見るかぎり、地元民のブログに掲載された2018年の工事状況とほとんど変わっていない。国道19号などの周辺道路が着々と整備されているにもかかわらず、建設予定地は更地のまま（2020年7月時点）。2回も延期されてしまうと、建築費高騰というより、イオン側の思惑も絡んでいるのではないかと勘ぐってしまうのが自然だ。考えられるのは、イオン側の経営状況。イオングループ全体の2020円2月期の決算によると、連結営業収益は10期連続で過去最高となる8兆6042億円。その一方で、負債は、前期より約1兆433億円増加し、9兆2134億円に増加している。財務上では、問題のない数字だから、イオン側の業績が急激に悪化しているわけではない。

でも、コロナ禍によって、2021年の決算は厳しい数字になる可能性が高い。だからこそ、イオンとしてはそれらの動向を踏まえたうえで判断したいのではないかと推測できる。ということは、最悪の場合、白紙撤回も視野に入れているかもしれない。まさかこのままイオンが撤退なんてことになったら、土岐市としては一大事。地元では「イオンじゃなくてららぽーとになる」という噂もあったりするけど、アウトレットモールから1キロ圏内に、ららぽーとが進出するとは考えづらい。そうなったら、あの広大な土地はどーなるの!?

イオンモール抜きじゃ土岐市は変われない!?

そもそも、アウトレット周辺の土地はいわくつきで、これまで失敗が続いている。というのも、かつては東濃研究学園都市を掲げて、先端企業を集積させて、周辺を住宅地にする計画だったのだ。

東濃研究学園都市の歴史は、1978年に国土庁（当時）の委託調査がこの地で行われたところから始まる。翌年3月、名古屋大学プラズマ研究所（現、核融合科学研究所）の誘致が決定。さらにその1年後には東濃西部地区大学等誘致促進協議会が設立された。核融合科学研究所の用地買収が始まったのは1985年で、施設の建設を経て研究が始まったのは1991年のことだ。この間には、1990年に瑞浪市にまたがるコスモ・サイエンスパークに日本無重量総合研究所（国際宇宙ステーションに実験棟「きぼう」が完成したため2010年に解散）、また多治見市のフロンティア・リサーチパークに超高温材料研究センターも設立された。

その中核を担うはずだったのがプラズマ・リサーチパークだった。プラズマ・リサーチパークは東濃研究学園都市の中核を成し、105・9ヘクタールの土地に計画人口3千人の街を造るプロジェクト。近くの東海環状自動車道の土岐南多治見インターチェンジ隣接地には、日帰り温泉施設、ショッピングセンター、地域連携施設からなる複合商業施設「テラスゲート土岐」も設けて、計画人口3000人を目指していた。こうした都市としての開発は、1992年に住宅・都市整備公団（現、都市再生機構）が、プラズマ・リサーチパークのうち約100ヘクタールについて開発することを決定したところからスタート。公団が開発に着手したのは1998年、そして、第一区画の街びらきが行われたのは2005年2月だった。この年に学園都市として街びらきをした裏には、ひとつの思惑があった。同年、愛知県の長久手で開催される「愛・地球博」に、是が非でも間に合わせたかったのだ。万博といえば、国内はもとより海外からも注目を集める一大イベント。しかも東濃エリアは万博会場に近い。このイベントで土岐の存在をアピールするために、プラズマ・リサーチパークの存在はなくてはならないものだった。

　こうして街びらきされた周辺地域は「土岐ヶ丘」と名付けられ、新たな居住区として注目を浴びていた。いわば「土岐ヒルズ」を形成するはずだった。だが、土岐ヶ丘町内会のホームページによると、現在の居住人口は３８３世帯１２４０人で、計画人口の半分にも届いていない。周辺の住宅街を巡ってみても新規住宅が建築されている様子は見られず、ぶっちゃけヒルズとはほど遠い。大失敗とまでは言わないものの、目論見通りに進んでいないのは明白だ。

　そもそもアウトレットやテラスゲート土岐などは、当初の東濃研究学園都市構想では先端企業を迎えるための土地だったのだが、さほど企業を呼び込めなかったため、市が暫定的に用途を転換した経緯がある。つまり、研究学園都市構想がうまくいかず、「ショッピング都市」へと方針を転換せざるを得なかったのだ。

　そんな紆余曲折を経て、ようやくアウトレットで成功を収めたというわけ。ただ、アウトレットはその特徴として観光客を呼び込むものの、移住者を惹きつける要因にはなりづらい。よりファミリー層が生活の軸にしやすいイオンモールは、「ショッピング都市」に欠かせないのである。

また、土岐ヶ丘周辺はトヨタ関連の移住者も少なくない。というのも、豊田市までは車で30分ほどだし、一軒家（60〜70坪）の平均価格も、豊田市よりも1000万円近くも安いからだ。こうした移住者は、小さな子供を抱える若年ファミリー層が多く、何よりも生活の利便性を重視する。そのため、より日用品の買い物などに便利なイオンモールは、移住者獲得のためにも是が非でも欲しいところなのだ。

今後、研究学園都市構想が急速に進展するには、それこそ首都機能移転ぐらいのビッグなキッカケがなければ難しい。であれば、トヨタ関連移住者をターゲットにしたほうが現実的だ。つまり、イオンモールを逃してしまうような事態は絶対に避けなければならないのだ。

イオンモールの建設予定地はいまだに更地のまま。周辺道路の整備も進んでいるのに、建築物すら見当たらない

イオンモールの周辺には古い住宅街が広がっている。今後は新規移住者獲得のために宅地開発も進められるのだろうか

岐阜県コラム 7

東京から東濃へ

かつて東濃には、写真のような看板が至るところに掲げられていた。首都機能移転候補地として、栃木・福島、三重・畿央と共に、最後まで名前が残っていたのが岐阜の東濃だった。ところが、今はこの看板1枚を見つけるのにも2日がかりだった。これは飛騨への移動中に国道41号沿いで偶然見つけたもの。ふと目にした建物の壁にこの看板を発見した瞬間は狂喜乱舞。あまりに突然の遭遇だったので場所ははっきり覚えていないが、確か白川町付近だったたと思われる。

首都機能移転論は世論の後押しもあって、1992年12月に「国会等の移転に関する法律」が国会で成立し、「国会等移転調査会」が政府に置かれた。同調査会は審議を重ね、最終報告を1995年12月に提出。そのなかで首都機能移転候補の選定基準として、東京と新首都との距離や新首都へのアクセス時間、東京

と同時に自然災害に被災する可能性の低さ、まとまった国公有地が活用できること、などの条件が提示された。これを踏まえて全国12の地域が誘致に向けて活動を開始。その頃から東濃は有力な移転先と目されていた。その後、１９９９年12月に国会等移転審議会答申が国会に報告され、「栃木・福島」「岐阜・愛知」「三重・畿央」の３地域に最終候補地が絞り込まれる。

こうして加熱した移転論に冷や水を浴びせる出来事が起こる。１９９９年4月、首都移転反対を掲げ東京都知事選に立候補した石原慎太郎が、民主党副代表だった鳩山邦夫に80万票以上の大差をつけて当選したのだ。これを機に首都機能移転論は尻すぼみに。さらに2003年には「国会等の移転に関する特別委員会」で、候補地を絞り込まないまま中間報告が採択された。その後、国政の場で首都機能移転が取り沙汰されることはなくなる。

こうした流れもあって、冒頭に書いた看板の話じゃないけど、東濃ではすでに首都機能移転は過去の話になりつつある。しかし国土交通省のホームページには、いまだに「国会等の移転ホームページ」が存在しており、まだまだ捲土重来の余地は0パーセントではないと思うのだ。リニア中央新幹線が開業すれば、中津川から品川まで所要時間は1時間程度。東京の通勤圏にもなり得る。官庁が移転してきたとして、さらに東濃への移住を拒む官僚が続出したとしても、東京から通えるならば何の問題もない。

リニア、研究学園都市に加えて首都機能が移転してくれれば、「新首都」に相応しい街になる。壮大な夢を持ち続けたっていいじゃないか！　もう一度、ホコリまみれの看板を掲げてみては？

第8章
表向きは一枚岩でも内実はバトル状態の飛騨

高山が狙った高飛車・飛騨広域合併の裏事情

壮大なプランをぶち上げてみたが…

引っ込み思案だけどプライドはやたら高い飛騨人。どうにも面倒くさい性格は、盆地ごとに集落をなしそれぞれが独自に発展してきた、この地域独特の風土も影響しているはずだ。峠ばかりで外界とのアクセスが悪かったため、昔は人的・文化的交流も少なかっただろう（今だって決してアクセスがいいわけじゃない）。現地では、「峠が多いから何でもかんでも持ち込むわけにはいかず、最も価値があるものだけを持ち帰り、しかも一度ヨソから持ち込んだものは決して外には持ち出さなかったことが特有の文化を育んだ」というような話を聞いた。山村の田舎者にとって下界は眩しかったことだろう。苦労して持ち込ん

だ文化を独占したくなる、当時の人たちの気持ちはよくわかる。

外界との交流が少なければ、おのずと内輪での絆は深くなる。だから飛騨は一体感が強いらしい。それは平成の大合併において、飛騨20市町村全域での合併という壮大な計画が持ち上がったことからも見て取れる。

高山市と大野郡、吉城郡、益田郡の20市町村で「飛騨圏域広域合併研究会」を立ち上げたのが2001年5月。発足を呼びかけたのは高山市だった。飛騨の中心都市としてイニシアチブを取ったわけだ。しかし、その前年に別の研究会を設立していた益田郡が早々に離脱。続いて古川町が不参加表明し、白川村はお茶を濁す作戦に出た。その後、古川町と白川村も含め、改めて益田郡を除く15市町村による「飛騨地域合併推進協議会」を設置し検討を始める。

ところが合併方式について、大野郡&吉城郡の14町村が高山市に対し新設合併（つまり対等な立場で合併したいということ）を要望し、高山市は申入書の受け取りを拒否する事態が発生する。高山にしてみれば、「人口規模や財政状況を見ても比較にならん。新設合併なんてトンでもない！」という腹があったのだ。そこで高山市は合併協議会での協議を打診することで懐柔を図るのだが、こうした合併後の力関係を見据えたやり取りが続く裏で、白川村では住民アンケートが行われ、圧倒的多数から支持を得た独立の道を選択し、協議会から離脱する。さらにこれをきっかけに古川町と神岡町が吉城郡6町村による合併を画策するも、国府町と上宝村は両天秤にかけ、発展性のある高山についていくことを決断する。

飛騨地方の平成の大合併の経緯

2001年5月	高山市、大野郡、吉城郡、益田郡の20市町村で「飛騨圏域広域合併研究会」設置
2002年3月	古川町が吉城郡内での合併を検討 白川村は態度保留
2002年5月	高山市、大野郡、吉城郡の15市町村で任意協議会「飛騨地域合併推進協議会」設置
2002年7月	大野郡、吉城郡の14町村が高山市に新設合併を要望するも高山市が拒否 任意協議会「益田郡合併推進協議会」設置
2002年8月	高山市が周辺町村に編入合併を提案 金山町が美濃加茂市に美濃加茂市・加茂郡の合併協議会への参加を申し入れる
2002年9月	白川村が合併協議の離脱を表明
2002年10月	古川町、神岡町、白川村が「飛騨地域合併推進協議会」から離脱
2002年11月	吉城郡4町村で法定協議会を設置 益田郡5町村で法定協議会を設置
2003年5月	高山市を含む10市町村で新市名の「飛騨市」の再検討を求めるも飛騨市に決定
2004年2月	飛騨市が発足
2004年3月	下呂市が発足
2005年2月	新・高山市が発足

※各種資料より作成

こうして飛騨地域は4つの自治体に再編され今に至るのだが、この一連の流れのどこに「飛騨の一体感」が感じられるだろうか？　1市3郡による全域合併が実現していたら、高山の独裁&一極集中は目に見えていた。それを敏感に嗅ぎ取ったからこそ、高山の風下にだけは立ちたくない町村は反旗を翻したのだろう（白川村は独自性を失わないため独立独歩の道を選んだという）。一方の高山にしてみても、1市3郡による合併を呼びかけながら、腹の中では「一応声はかけるけど、ビンボーな街に参加されてもありがた迷惑だ」と思っていたらしい。飛騨をひとつにまとめる上げるつもりなど、はなから無かったのだ。言いだしっぺがこのザマである。「一体感」が聞いて呆れる。

飛騨のなかでも、とりわけプライドが高いといわれる高山民はさぞがっかりしていると思いきや、「古川なんかと一緒にならなくてよ良かった」だって。負け惜しみでなきゃいいんだけどね。

安川通りで分断される高山の異常事態

「意図的に」じゃなく気が付いたら残っていた古い街並み

江戸時代の町人町の面影を色濃く残す高山の街並みは、外国人観光客の人気スポットとして世界に知られている。市がまとめた「平成30年　観光統計」によると、外国人観光客の宿泊者数は前年比で１０７パーセントと、堅実な伸びを示している。１９７９年に重要伝統的建造物群保存地区に指定された三町一帯には、弁柄の格子戸も鮮やかな軒先のそろった町屋が建ち並ぶ。その様は、日本人が見ても目を奪われるのだから、外国人の目にはさぞ「ビューティフォー！」に映ることだろう。

こうした街並みは、言わずもがな地元民の努力なくして今の形をとどめることはかなわない。そして地元民は往時の街並みを、さも自分たちが守ったかのように自慢する。それはそれでおらが街への愛着やプライドを感じられることなのだが、「それは都合のいいすり替え」と真っ向から否定する話も地元で聞かれた。

「向町という職人が住んでる街があってな。ここが１９２４年2月の火事で全部焼けてまったんや。それで、今で言う都市計画で歩道をつくったり舗装したりしてな。すると当然のことだが商店街もできて発展する。その結果、従来の中心地だった上町は廃れていったんや」。こう語るのは、元地元紙記者の老人。高山市史によれば、１９２４年2月28日の日中、旧下向町と旧百軒町にまたがり２４６棟を焼失する大火が発生している。これをきっかけに、本町の街並みは整備されたというのだ。話はさらに続く。「まず一之町がこのままではあかんということで、みずから街並みを壊して商店街に切り替えたんや。それで昔からの旧家が多かった二之町、三之町は焦った。でも、戦時下の統制にかかって建物の建て替えはあかんということになった。終戦を迎えても、今度は金がないから何もできんやろ。そうやって取り残されとんや」。高山の市街地は、

1934年の高山本線全通以降、急速に発展していった。一之町のリニューアルはちょうどそんな時期に行われたのだ。

もう少し戦争が遅かったら、二之町や三之町も一之町のように新しい街並みになっていただろう、というのが老人の見解。街並みの保存活動に勤しむ皆さんに冷や水を浴びせるつもりはさらさらないけど、ものは言い様だね。

何もないようで意外と問題山積み

外国人観光客人気の高まりを受けて、観光都市として息を吹き返した高山。観光面では、安川通り（国道158号）による上町と下町の分断が課題となっている。日帰り客の多くは、上町エリアを回って駅へ引き返していく。それで十分満足なんだろうけど、下町民にしてみたら、たまったもんじゃない。上町には、せめて観光客を下町へ誘導するくらいの気配りをしてほしいものだ。

この問題が示すように、下町は冷遇されている（ように思えてならない）。市内には歴史のある造り酒屋が7軒あり、そのすべてが上町にある（下町にも

あった が２０１１年に廃業）。全国どこでも歴史ある街では、造り酒屋は地元の権力者としてその名が挙げられる。つまり、上町のほうがパワーバランス的には上位にあるのではないかと思うのだ。重要伝統的建造物群保存地区についても、下町エリアが指定を受けたのは上町エリアから遅れること25年後。町名だけでなく実質的にも、下町は上町の風下に立たされているということか。春と秋にそれぞれ行われる高山祭では、お互いに無関心を装い静観しているという話もあれば、たまには対立することもあるなんて話も聞く。火のないところに煙は立たないわけで、上町と下町の住民は少なからず腹に一物抱えているはずだ。

そんな局地的なことより、巨大な市域の92パーセントを占める山林の活用は、より差し迫った問題だ。地元民が「椎の木が大根より安いんやから、そりゃたまらんやろ」と嘆くように、林業は先細る一方。市では山林資源の活用を画策しているようだが、さてさて飛騨人に妙案はありますかな？

※　※　※

高山市は、海外戦略部を中心としたインバウンド事業を２０１１年から取り組んできた。職員をパリや北京、デンバーなどの派遣して情報を発信。現地でプロモーションを展開することで、外国人観光客からの認知度を高めてきた。全国に先駆けて、ＷｉＦｉ整備や多言語パンフレットなどを推進するなど、外国人が滞在しやすい環境を長年かけて実現。その甲斐あって、２０１８年の外国人宿泊客数は55万２０００人で過去最高を記録。人口の6倍以上のインバウンド客を呼び込み、にぎわっていた。現在はコロナの影響を受け、以前の盛り上がりはないものの、これまでの儲け分もあって、高山市の財政状況は県内随一。駅舎もすっかりキレイになって、周辺市街地は観光地として申し分のない景観を整えている。

上町と下町のパワーバランスは相変わらずのようだが、それよりも気になったのは駅前周辺にちらほら見受けられる新しめの店舗。オシャレな外観をしていて、人気のスイーツなどを販売するような店も増えていた。老舗に挟まれてオシャレなカフェなどが並ぶ街並みは、なんとなく京都を思い起こさせる。

このように、新規店舗が増えているのは、もちろん観光客が多いという点も大きいが、高山市の積極的な起業支援策が実を結んだ結果である。

高山市では、株式会社まちづくり飛騨高山という組織をつくり、タウンマネージャーを任命。中心市街地活性化支援の窓口となるだけでなく、SNSによる情報発信などを行っている。ホームページでは支援策などをわかりやすく解説しており、お堅い市役所のホームページよりも親しみやすいし、情報を簡単に引き出しやすい。

これら支援策のなかでも、特筆すべきは飛騨高山インキュベーションセンターの存在だ。これは起業家を支援するための施設で、市内外を問わず、誰でも1年ほど無料で利用できる（光熱費・通信費などをのぞく）。ここを拠点にして、市内の事情などをじっくり知ることができるし、地元民との交流を図りながら、高山市に合った起業アイデアを生み出せる。こうした地道だが、より発展性の高いサービスは、商業に積極的な高山民らしい発想だ。空きテナントなども有効に活用できるし、街並みの景観も悪くならず、高山らしさを打ち出していける。たとえコロナで一時的に悪影響を受けようとも、高山民のしたたかな戦略があれば、立ち直れるはずだ。

改修された駅舎も高山らしい落ち着いたデザイン。街並みを保存していくことにおいて、高山民のしたたかさは見事である

街並み保存の一件といい、抜け目なさが目立つ上町。さすがは、やり手の豪商揃い！

飛騨市になってみたものの……古川と神岡の内戦は今でも続く!?

神岡民にくすぶる古川への強～い不満

吉城郡4町村の合併により誕生した飛騨市。この合併劇は、古川町と神岡町が中心になって進められた。吉城郡内においてこの2町は核となる存在感があり、おそらく合併交渉の時点では高山への対抗意識もあって、がっちりタッグを組んでいた。しかしあれから10年以上が経っても飛騨市にはきな臭い香りが漂っている。

高山民が語るところによれば、古川と神岡はもともと「ものすごく仲が悪い」のだとか。「古川が神岡に対抗意識をむき出しにしているなか、飛騨市の初代の市長に神岡町長が就いたことで、さらに火に油を注ぐことになった」とも聞く。ところが古川で話を聞いてみると、仲違いするようになったのは最近の話だという。「旧古川町長が譲る形で旧神岡町長が初代飛騨市長になったんだけど、合併特例債で音楽ホールや図書館など無駄なハコモノを次々建設した。音楽ホールに数十億円使うなんてあり得ない。しかも無駄遣いに異をとなえていた旧古川町出身の副市長は、就任1年で解任された」。

これらの話には多分に個人的感情が含まれている気もするのだが、調べてみると２００８年8月10日付の毎日新聞に興味深い記事が掲載されていた。『飛騨市長選後の「市政に強い不満」』と題するその記事では、この年の市長選で元神岡町長の現職が古川に地盤を持つ新人に敗れたものの、新人市長の市政に強い不満を抱いた神岡の住民有志が「地域自治・自立の会」を設立し、独立性を保つためゆくゆくは神岡を地域自治区にしたい、と伝えている。この中で、「今の市政は前市政が取り組んだことをことごとく否定し、夢がまったくない」という住民の意見が紹介されているのだが、多少強引ながら先の古川民の話を重ね合わせると、ハコモノに巨額を費やすことが神岡民の「夢」なのだということが見えてくる。前職と新人の２人の市長のうち、どちらが前時代的発想か？

今どきハコモノに金を注ぎ込んでも、維持管理が大変なだけだと思うけどね。

対立する旧2町　解決の糸口はあるの？

実は取材した段階では、古川についてけなす話はあってもほめる人はひとりもいなかった。出てきた話は、「古川は高山のマネをするだけで対抗意識ばかり強い」とか「見栄っ張り」といったものばかり。確かに飛騨古川駅前の古い街並みは、高山の上町や下町とさほど変わりない。というかほとんど同じに見える。そして、高山への凄まじいまでの対抗心についても、いくつかエピソードが飛び出した。なんでも、古川の人は高山信用金庫に預金しないそうじゃないか。あるいは、古川では高山の酒は誰も買わないから酒屋には高山の酒を置いていないらしい。事実とすれば偏屈の極みである。

さらに古川の印象を悪くしているのが、飛騨市という新市名について紛糾した一件。「旧国名を使うなんてまかりならん！」と怒った学者や大学教授も巻き込んでの猛烈な抗議のなか、高山市をはじめとする10市町村の再検討申し入れもはねつけて、強硬に推し進めたのは古川の合併委員だったと聞く（飛騨市という市名で揉めたことは以前にも一度あったらしい）。合併の際、旧国名や地域名を自治体名にして揉めるケースはよくある話。山形県の庄内町などは、いまだに周辺の街からは総スカンを喰らい、合併前の旧町村名で呼ばれているのだ。旧国名は地域の共有財産なのだから、考えてみれば当たり前のこと。にもかかわらず押し切ってしまったのは、高山に対する古川の並々ならぬ対抗意識もあったろうし、挑戦状とも受け取れる。しかし、初代市長となった元神岡町長の執政や市長交代後の神岡民の蜂起する様を見ると、古川は憎まれっ子だけど神岡にも問題があるように思えてならない。

神岡には素粒子研究の最先端施設スーパーカミオカンデがある。ヨソ者の筆者は「それで満足できないの？」と思うのだが……。このまま古川民との対立が燻り続ければ、いつか飛騨市にビッグバンが起きるかも⁉

※　※　※

２０１５年12月、スーパーカミオカンデでニュートリノの研究を続けていた梶田隆章氏がノーベル物理学賞を受賞。さらに２０２７年の実験開始を目指してハイパーカミオカンデの建設も予定されている。ニュートリノ研究で世界をリードし、「カミオカ」の名前は世界の研究者に知れ渡っている。これで神岡民の優位が決まったかと思いきや、そうは問屋が卸さない。

古川民は『君の名は。』の飛騨古川駅や気多若宮神社が舞台ともなったことで、聖地として世界に名を馳せたのだ。公開された2016年ごろは、国内外からの巡礼者たちが現れ、古川の街並みに若い世代が押し寄せたらしい。

というわけで、今も神岡と古川の対抗心はくすぶり続けているのだが、それでも立てつづけに飛騨市からビッグニュースが出たのは喜ばしいこと。さらに、こうした宣伝効果からか最近は移住者もちらほらと増えているという。近年は、移住者たちが、飛騨の林業を盛り上げる活動も行うなど、市全体では存在感を増しつつある。今でも市議会では、神岡民と古川民のせめぎ合いが続いており、古川出身の市長の政策に激しい抵抗をする場面も少なくない。市政の主導権争いなんて移住者にとってはくだらないことだし、せっかく注目を浴びてるんだから、そろそろ手を取り合ってみたらどーですかね？

神岡鉱山資料館。鉱山により江戸文化が根付いた神岡と古川では反りが合わないのも当然か

白壁土蔵街は古川自慢の観光スポット。でも高山の街並みに対抗し得る独自性は打ち出せていない

V字回復中だった下呂温泉 豪雨より怖いのは風評被害

外国人抜きでもヘッチャラ⁉　若者人気の高い温泉地

　下呂といえば何といっても、全国的に名の知られた下呂温泉である。美肌の湯としても知られ、日本三名泉にも数えられるこの温泉は、そのロケーションゆえに名古屋圏からの旅行客を中心にかつては大いににぎわった。バブル期にピークを迎えた宿泊者数は、1990年には165万人を数えた。ところが、バブル崩壊とともに客足が遠のき、一時は100万人を切るまでに減少した。

だが、2017年度には110万人に戻すなど、回復傾向にあった。その原動力となったのが若者だ。温泉街の中心にあるチャップリン像の前には、セルフタイマーで記念撮影するためのスマホのスタンドまであり、若者の誘致にかなり本腰を入れているように思える。旅館共同組合が運営するサイトを覗いてみると、かなりヤングを意識していることがわかる。宿検索システムは日付と人数、宿泊数や部屋数を選択すると、組合加盟の宿が瞬時にわかる仕組み。これなら「旅行の予約はもっぱらネットで」という若者層にとってはストレスフリーだろう。さらに、宿の紹介ページに使われている写真は、「こりゃプロが撮ったでしょ！」というような計算しつくされた照明&アングルで、どこもかしこも魅力的に見える（一部には宿の主人が自前で撮ったようなスナップを使っているところもあるけどね）。

また、全国的に知られた温泉場にもかかわらず、ほとんどの宿が100室未満と、こぢんまりしているのも、絆を大切にするイマドキの若者にはウケがいいのだろう。これならぬくもりのあるサービスってやつが期待できそうだ。そして若者にとってはこれが一番惹かれるポイントだろうが、かなりリーズナブルなのだ。「2人で泊まってもおひとり様料金！」を謳っているところもあれば、夕食のメインディッシュに飛騨牛がついて1万円そこそこで泊まれるところもある。これで美肌効果抜群の温泉を味わえるなら、若いカップルのニーズにもピッタリ合っている。

さらに地域を主体として、ネット上でのマーケティングを徹底的に実施。日本観光振興協会からも高い評価を得て、「下呂温泉モデル」は、観光地のお手本的な存在になっている。もちろん高山市と同様に、インバウンド戦略にも力を入れていたが、国内戦略に重きを置いていたため、コロナによる影響はあったにしても、2020年7月に筆者が訪れたときにも若者カップルやファミリー層が散策を楽しんでいた。この様子であれば、外国人に頼りきりの観光地と比べて、復活のスピードは早いかもしれない。

コロナよりも心配なのは豪雨災害

むしろ深刻なのは岐阜県を襲った豪雨災害だ。下呂市小坂町の国道41号は、記録的な大雨で飛騨川が増水し、約300メートルが崩落。損傷の規模が大きいことから、復旧には相当な時間がかかるという。これが下呂温泉にとって大打撃を与えた。国道41号が通行止めになったため、高山の市街地と下呂温泉の往来は国道２５７号に迂回するルートをとらなければならない。だが、このルートはけっこうな遠回りで、道のりも険しい。いちおう飛騨清見インターから、美濃加茂インター、郡上八幡インターまでは無料区間として解放されたが、岐阜市方面からのアクセスは問題ないが、飛騨と東濃をつなぐルートは依然として不安定なまま。原稿執筆時点では、２０２０年８月末の交通開放を目指し、国道41号の復旧作業を行っていた。

ただ、それよりも下呂温泉にとって深刻だったのは風評被害である。下呂の道路が崩落したというニュースが全国的に報じられると、宿泊のキャンセルが相次いだ。下呂温泉には何の被害もないのに、だ。実は、筆者も何らかの被害を受けているのではないかと思っていたのだが、中心市街地は何の問題もなし。浸水等の被害もごく一部にかぎられていた。近年の日本の天候状態を考えると、こうした豪雨災害は今後も頻発する可能性がある。下呂市のなかでも、下呂温泉はその大半が高台にあり、比較的水害に強い。こうした災害対策面も観光情報としてアピールしていく必要があるのかもしれない。「安全な温泉地」なんて時流にもぴったりではないか。

下呂温泉の中心地は豪雨による被害はほとんどない。若者カップルたちが下呂プリンを食べながら散策を楽しんでいた

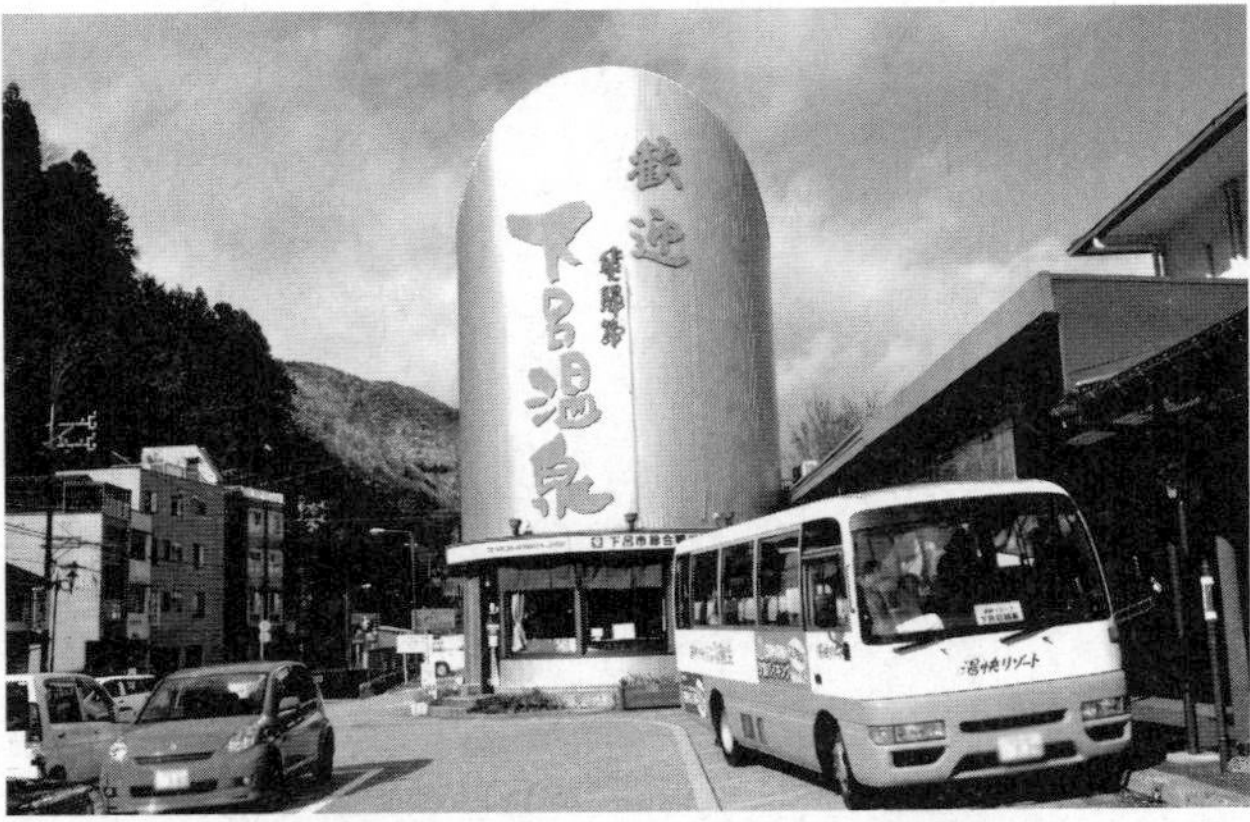

若者と外国人に人気の下呂温泉で観光案内所の存在は大きい。実際、見た目も大きい！

観光客増加にパンク寸前！白川郷の入場規制は是か非か？

スゴすぎる白川郷のブランド力

２０１３年は富士山、２０１４年には富岡製糸場と、昨今、世界遺産の大盤振る舞いが続くユネスコ。文化遺産と自然遺産を合わせると、国内だけで18もある。ユネスコに対して世界遺産の指定について意見するイコモスという団体の委員によれば、世界遺産が世界中で増えすぎたので、今後は承認のペースを落とすというようなことを言っていた。一過性のブームに終わりがちな飽き性の日本人のなかで、平泉が登録されたことを覚えている人がどれだけいるだろう（２０１１年6月登録）。世界遺産に登録されれば、瞬間的には観光客が激増する。しかし数年も経てば、平泉のように登録された事実さえ忘れてしまう

(平泉にかぎったことじゃないけどね)。

その点、白川郷は世界遺産にして優秀な観光地といっていい。2015年の北陸新幹線開業以来、金沢駅からの直行バスも通じるようになり、2018年の観光客数は約174万人。世界遺産登録から25年が経過していることからも、ずっと成長を続けている奇跡的な観光地ともいえよう。

萱葺きの屋根が特徴的な合掌造りの集落は、山間の景色に溶け込む幻想的な風景がお世辞抜きに素晴らしい。ブームが去ると、潮が引くように観光客もいなくなる世界遺産が多いなか、白川郷の集客力はまったく衰えていない。2020年夏に筆者が訪れた際にも、日本人観光客の姿をちらほら見かけた。コロナ禍にあって平時では考えられない少なさではあるだろうが、それでも白川郷はその高いブランド力をいまだに保持している。

小さな村を襲ったオーバーツーリズム

それほど高い人気を誇っていたゆえに、近年はオーバーツーリズムによる観光公害が問題となっていた。オーバーツーリズムとは、訪問客の著しい増加などが、地域住民の生活や自然環境、景観などに対して悪影響を及ぼすこと。人口１６００人ほどの村に、１７０万人もの観光客が押しかけるのだから、それも当然である。なかでも駐車場問題はヒドかった。２０１５年の最初の取材当時、村営のせせらぎ公園駐車場は、バス用のスペースが大型観光バスで埋め尽くされ、一般車のスペースも８割方埋まっていたが、車の誘導係のおっちゃんによれば、それでもまだは空いているほうだと話していた。大型連休中は駐車場待ちの車列が国道まで連なることもあったそうだ。さらに、駐車場を巡っては、一部住民が農地を駐車場に転用していたことが景観を損なうとして、２０１２年５月にイコモスの国内委員会から改善要求があり、２０１４年４月からは集落内へのマイカー乗り入れ規制に乗り出した。一時のように、高速道まで渋滞が伸びることはなくなったようだが、急激に観光客が増えれば元の木阿弥。村では集落の外に駐車場を作ることで対応したが、それも限界がある。

　そこで、２０１９年には駐車場への入場をさらに制限。マイカーやレンタカーでの入場は完全予約制となり、駐車料金も１０００円から３０００円に引き上げ、1日450台に制限するようになった。観光客がもっとも集中するイベントだったライトアップも繁忙期を避けて実施。これまで無料で自由に入場できた展望台も上限を900人に定め、500円を徴収するようになった。こうして白川郷のオーバーツーリズムは段階的に軽減された。観光客からの評判も上々で、「のんびり観光できる」という声も少なくない。身の丈に合った観光体制を築き、世界遺産としての景観を保全する方針へと転換したことで、観光客数は激減するかもしれないが、観光サービスは充実するはず。リピーターなどを増やすキッカケとなるかもしれない。

業者の「中抜き」防止！ 地元女将が立ち上がった!!

新たな試みが続く白川郷でも、地元商社・合掌ホールディングスの動きはとくに興味深い。合掌ホールディングスは、白川郷の民宿の女将が代表を務め、白川郷の観光課題を解決するコンサルティングなどを行っている。白川郷の合掌造りの民宿は19棟。そのほとんどが予約受付は電話やFAXで行っていた。

そのため、中間業者や旅行代理店が間に入らないと処理ができなかった。
築。そこで合掌ホールディングスは、台湾企業と協力して宿泊予約システムを構築。それぞれの民宿で予約を管理・運営できるシステムにした。現在は英語版と中国語版のみでインバウンド客向けだが、こうした取り組みが進めば、民宿側の負担が軽減できるし、中間業者や旅行代理店の「中抜き」がなくなるというメリットもある。実際、利益の多くを取られていたために、白川郷に落ちるお金はかなり少なくなっていたという。もちろん業者がPRをしてくれるメリットがあったのは確かだが、オーバーツーリズムが問題となっている今、こうした「中抜き」はデメリットでしかない。

この取り組みに参加する民宿は、今はまだ5棟のみだが、今後広がりを見せていけば、地域経済を活性化することにもつながるはず。しかも、代表が地域をよく知る女将だけに、白川郷のことを第一に考えたサービスを実現できるだろう。このように大資本に頼らず、地域が主体となってサービスを提供する体制は、他の観光地も見習うべきではないだろうか。

インバウンドに目を向けすぎだった弊害

ただひとつだけ気になるのは、合掌ホールディングスしかり、白川郷の観光戦略しかり、完全にインバウンドをターゲットにしていたことの弊害だ。白川郷の観光客増加は、台湾などアジア系観光客のおかげで、対する日本人観光客は減少の一途をたどっていた。加えてコロナ禍のうえに入場規制が長引けば、さすがの白川郷の客足も減るだろう。仮に入場規制を「おごり」ととられてしまうと、足を運ぶ人そのものが激減する危険性もある。コロナの影響がなくなるのは、2~3年後（2022年前後）ともいわれており、しばらくは国内観光客が主要顧客となる。にもかかわらず、サービスのほとんどが外国人向けだったのだから、そこからの急激な方針転換は簡単なことではない。

白川村にとって観光は絶対的な主力産業だけに不安も大きい。それこそ飽きっぽい日本人を相手にしなくちゃならないんだから、今度はオーバーツーリズムなんて言ってられなくなるかも。まあ、ゆったりゆっくり、あの合掌集落が見物できるのは、旅好きには歓迎なんだけどね。

白川郷の合掌造りは壮観のひと言。とくに台湾からの観光客が多く、春節の混みっぷりはすごかった

景観の保全は意外にコストがかかる。観光客が思った以上に減少したら、インフラ保持のお金にも苦労しそうな気が……

岐阜県コラム 8

東西二大文化が融合した高山祭

唐突だが、筆者は大変博識で幼い頃は「雑学博士」の異名をとったほど。ムダな知識は腐るほど蓄えているのだが、それでも世の中広いもので知らないことも山ほどある。そのなかのひとつが高山祭。実は本書に関わるまで、高山祭は春に行われる祭だとばかり思っていた。ところが驚いたことに年に2回、春(山王祭)と秋(八幡祭)に行われるというではないか。パンフレットやテレビの報道などで頭に刷り込まれている高山祭は、いつも桜の花がセットになっていたような気がする。これは多分に筆者を惑わそうとする見えざる力によって情報操作が行われていたためで、聞きかじりの情報を確かめもしなかったがために誤解していたわけではない……と思うのだが、意外と世間の常識を知らないことも素直に認めよう。

高山祭の起源は飛騨高山藩・金森氏の治世下で生まれたというから、

1585年以降の話である。地元民の話によると、高山祭には京都の祇園祭と江戸の三社祭の特徴が受け継がれているらしい。信長や秀吉に仕え茶の湯も嗜んだという初代藩主の金森長近がまず京文化を持ち込み、その後天領となってから旗本や代官たちによって江戸文化が持ち込まれた。そして京と江戸の文化がミックスされて、高山祭という独自の姿になったそうだ。

高山祭の華といえばもちろん、見るものを圧倒する絢爛豪華な屋台の曳き回しだが、東西文化のいいとこ取りをした集大成がゴージャスな屋台なのである。そしてこのゴージャスな屋台を作らせたのが、金に糸目を付けない豪商の旦那衆だった。彼らは私財を投じて、競い合うようにして屋台を装飾していった（飛騨伝統の木工技術もあったし）。当時の商人は、大名家を立てて慎ましい生活していたそうで、屋台に大盤振る舞いすることは彼らにとって唯一の贅沢の場でもあった。

高山といえば、古川に執拗なまでにライバル視されているが、その古川には古川祭がある。どちらも屋台の曳き回しがあったり、日本三大●●祭と称される（高山祭は「日本三大曳山祭」「日本三大美祭」、古川祭は「日本三大裸祭り」）など共通点も多く、「古川は祭までもパクッたか？」という疑念がわいてくる。ただ、乱暴でがさつな古川民には高山祭の高貴で雅なる世界は理解できなかったようで、男同士が揉みくちゃになるプチ喧嘩祭の体裁で今に至っている。こうした詰めの甘さが高山と古川の差なのかもしれない、と思うのだが何か異論はありますでしょうか？

第9章
美濃と飛騨の競争が岐阜を強くする！

なぜか独自性を打ち出せない他力本願で発展した美濃の弱み

国や名古屋に頼りきった無個性な乱開発

岐阜県を語る上でどうしても避けて通れないのが、美濃と飛騨の関係性だ。歴史を紐解いても、ほとんどかかわりのない2つの国が一緒にさせられたのだから、歪みが出ないわけがない。

岐阜県になって以降、パワーバランス的に優遇されたのはどうしても美濃だった。飛騨は従属的な立場に置かれながら引きこもり、時に自らを主張しつつ今に至った。そうした哀しい境遇が飛騨人の美濃人への対抗心、団結力、一体感を生んだという。一方、何かと優遇された美濃は、混迷と苦難の歴史を経たことでまとまりがなく、各地域がずっと自己主張を繰り返してきた。美濃人特有の保守的で排他的な気質、いわゆる「輪中根性」というヤツだ。だがそんな風に美濃と飛騨を分け、それぞれの現状を調べるうちに、岐阜県は「飛山濃水」という分け方では片付けられないくらい複雑な地域性を持っていることを知り、さらに問題点も露わになってきた。

というわけで、ここまで美濃と飛騨を多角的に捉えてきたなかで見えてきた、それぞれの地域の問題点を述べていこうと思う。まずは美濃からだ。

美濃は「名古屋の属国」と呼ばれるくらい、名古屋に依存しながら発展してきたといっていい。繊維業の斜陽化で主産業の状況が悪くなるなか、愛知をはじめとして、滋賀、福井、富山、長野と東西南北にリンクするインフラ事情を生かして製造業（重工業）の工場が集積したが、それもこれも名古屋の成長と発展があってこそだった。名古屋のおかげで美濃は発展し、地元に雇用が生まれ、若者の地元志向が強くなるなどの好影響も見られた。ただ、この発展はあくまでも名古屋に依存したもので、美濃の個性や独自性は置き去りにされたまま。そのため発展しているにもかかわらず、その存在感はあまりにも薄い。地域の魅力がおぼろげだ（美濃人が宣伝下手というのもあるんだけどね）。

モータリゼーションの進行に即した郊外への大型商業施設の誘致、大都市が近いがゆえのベッドタウン化など、いずれにしても美濃の発展の仕方は、地方でよくあるパターンそのまま。オリジナリティがなく、しかも場当たり的で計画性があまり感じられず、郊外開発は中心市街地の著しい空洞化を引き起こしている。岐阜市の柳ケ瀬なんてその典型で、名古屋と郊外の商業施設に客を食われるダブルパンチによって瀕死の状態に陥っている。再活性化の一環で同地区や岐阜駅周辺の再開発をしているものの、駅前に歓楽街がシフトしたことで、中心市街地で客を取り合う状況になってしまった。

一方、名古屋圏のベッドタウンとして、美濃各地で住宅地が造成されてきたものの、移住状況は芳しくない。東濃研究学園都市は、企業を集積させてベッドタウンではなく独自のまちづくりを狙ってきたが、当初の計画人口の半分にも届いていない。研究施設や企業の集積も遅々として進まず、結局ショッピング都市として、名古屋や豊田市からの移住者に頼るしかない。それも国からの提案を鵜呑みにして、独自性を打ち出してこれなかったことが要因のひとつではないだろうか。名古屋依存での成長は限界に達し、さらに独自のまちづくりもうまくいかず、完全に袋小路にぶち当たっている。

美濃が一皮剥けない要因はプライドと自衛意識の高さ

ただ、美濃の個性の無さ（地域性の弱さ）や、あと一歩発展・成長しきれない要因は、地域連携の乏しさにあるように思う。平成の大合併の合併協議で、美濃の自治体はどこも揉めに揉めた。東濃、中濃（岐阜地域含む）、西濃それぞれで広域合併が模索されたが破綻した。結局、各自治体は単独行政を継続するか、かなり規模を縮小した形の合併を決断した。岐阜市は政令市を目指したが、たった1町との合併に落ち着き、大垣市は西濃合併が破綻して飛び地都市になった。関は美濃の吸収に失敗して市域がいびつになった。美濃加茂はリーダーとして加茂郡合併を主導しながらドタキャンした。

これらの取材を進めていくと、合併の決裂には自治体のプライドと自衛意識が大いに関係していた。美濃（飛騨もだけど）の合併は主要都市への編入というスタイルが多く、編入される側の多くがＮＯを突きつけた。対等合併のケースで比較的スムーズに合併が受け入れられたのとは対照的である。ただ、たとえば編入形式による広域合併を進めた大垣の主張する合併の趣旨は、かなりまともなものではある。平成の大合併は今になってその問題点が指摘されているので、単独行政を継続した自治体は結果的に良かったと思うのだが、地域の将来をトコトン話し合って結果決裂というより、どちらかといえば感情論で単独を選択した自治体が多かった。その過程にどうしても疑問が残ってしまうのだ。

だからといって、美濃の各自治体の行政レベルが低いと言っているわけではない。多治見や恵那では、地元団体を中心とした地域振興の動きが活発になりつつある。衰退しつつある商店街や盛り場といった中心市街地を盛り立てようと必死だ。だが、こうした努力が実を結ぶには時間がかかる。地域の地盤沈下は、一自治体や地元民だけでは解決しきれない問題なのだ。ならば合併は無理だとしても、東濃、中濃、西濃と、まずは地域の枠組みのなかで連携していくことが今後必要になるだろう。さらに、美濃全体の連携も地域活性化のためには必要不可欠になるはずだ。

今や土岐市の顔となった土岐プレミアム・アウトレット。これも研究学園都市構想が順調に進まなかったための産物にすぎない

美濃が名古屋に依存して発展してきた事実は否めない。その過程で美濃は自らの個性を失ってしまったのではないだろうか

一体感がない！ 観光しかない！ 一見調子のいい飛騨の落とし穴

頼みの綱は観光産業だけ！ それってヤバくない？

美濃の次は飛騨の問題点を述べていこう。

岐阜県になってから美濃の従属的立場に置かれていた飛騨は、時代を経てそのポジションを大きく引き上げた。街の都市化ということでは、飛騨は美濃の足元にも及ばないが、全国的知名度がはるかにちがう。一般的には岐阜県＝飛騨。飛騨がなければ、今頃岐阜は、魅力度調査のランキングで北関東と最下位争いをしていたかもしれない。まさに立場大逆転である。

飛騨の知名度を引き上げたのは観光だが、その強さは並ではない。観光客入込数は県内の地域ごとの比較ではもっとも少ないが、観光客の消費金額はぶっちぎりでトップ。その最たる理由は、日本人はもとより外国人観光客誘致に成功したこと。とりわけ高山と白川郷はインバウンドによって莫大な利益を享受してきた（白川郷では弊害もあったけど）。

ただ、確かに観光産業は立派な太い柱になっているが、結局それだけだから、潰しがきかない怖さも飛騨にはある。また、外国人観光客にターゲットを絞ってきただけに、逆に日本人観光客は大幅に減少傾向にあった。そんな状況下でのコロナ禍である。仮に世界的に収束したとしても、外国人の足が戻ってくるかどうかは不透明で、しばらくは雌伏の時を強いられるだろう。

さらに問題なのは、観光以外に基幹産業がなかなか見えてこない点。飛騨牛がブランド化しているように畜産業は強いが、人を呼ぶ飛騨牛の生産は観光業といっていいぐらいだし、その生産地も県内各地に広がっており、飛騨の名前を冠していても全県産業になってしまっている。農業も盛んだが、山ばかりで生産性はそれほど高くない。

山を生かすという意味では、伝統の林業が観光と並ぶもうひとつの柱になってもいい。ところが木材の値段、たとえば豊富にあるスギやシイは二束三文といってもいいほど激安だ。国内のデフレが終息して物価はだいぶ上がっているものの、木材の値段はなかなか上がってこないという。だから間伐されない森林がいつまでも残っているのが問題になっている。この問題に取り組んでいるのは、若い移住者たちによる企業。飛騨の材木のブランド化を図り、積極的に売り出している。こうした若い力の台頭は喜ばしいことだが、逆に言えば、それまで放置してきた行政には疑問符を投げかけざるを得ない。

美濃よりヒドイ!? 飛騨の内部対立

観光以外の産業に弱みを見せる飛騨だが、「一体感のある地域性」という特徴が形骸化してしまっているのも、飛騨の発展を妨げる大きな問題といえるだろう。

山国の飛騨は中世以降、一国としてまとまりを持つようになり、飛騨人は何か問題が起きると一体となって事に当たってきた。岐阜県となっても、美濃という対抗軸がハッキリとしていた時代はまとまりもあった。しかし、時代を経て県民の中に飛騨ＶＳ美濃という意識が薄まってくると（潜在的にはあるけどね）、今度は飛騨内部の対立が表面化するようになった。飛騨人は同胞意識が強いものの、プライドがめっぽう高く、地元へのこだわりも相当である（いまだに旧住所を書いて手紙を送る人もいるほど偏屈なところもある）。取材を進めていくうちに、美濃人以上に内輪意識が強いんじゃないかと感じたほどである。平成の大合併では、高山をリーダーに飛騨の統一を図った。こうした計画が飛び出したのも「飛騨はひとつ」という意識が地元にあったからだろう。しかし、編入という形が当然と考えていた高山の高飛車ぶりが仇となって計画は瓦解した。美濃の広域合併破綻劇と何ら変わらないトホホな光景が飛騨でも見られたわけだ。

その後、飛騨は高山、飛騨、下呂、白川と４つに分かれたが、自治体間の連携はとれていない（ここも美濃と一緒）。たとえば、人気観光地の高山と白川郷は、公共交通（バス）が導線になって人の流れができている一方で、下呂や飛騨との連携には消極的なように思えた。そのせいか下呂は将来的なリニア開通に期待して、飛騨を離れて中津川や、美濃最大の人気観光地である郡上と連携を図ろうとしている（岐阜・下呂・郡上観光宣伝協議会なるものも設置されている）。飛騨市に至っては単独で物事を進めているが、市内を二分する古川と神岡がそれぞれに面白いコンテンツを持っているにもかかわらず、両者の連携が弱い。『君の名は。』とスーパーカミオカンデは共通点がないにしても、市内観光の目玉でもあるはず。古川は相変わらず高山気取りだし、それを見つめる神岡の視線も冷ややかだ。

高山が飛騨全体のけん引役にならなければいけないはずなのに、広域合併失敗の余波があるのか、周辺自治体が非協力的なのか、どうも広域連携に対する動きが鈍い。本来であれば下呂から高山、飛騨というルートは、岐阜県観光のゴールデンルートになるはずなんだけど、濃飛横断自動車道の整備もいっこうに進んでいないし、期待はリニア開業だけ。だが、これも静岡県から難癖がついて、暗雲が立ち込めている。

インフラ整備に時間がかかるのは当然のこと。ならば、こうした不便さを解消するためにも、せめて意見交換を活発にするなどの動きがあってもいいもんだ。今こそ「一体感の飛騨」を実現すべき時ではないだろうか。

低迷していた林業を盛り立てようとがんばっているのは若い移住者たち。地元を愛する移住者たちの意見にも耳を傾けてみたら？

濃飛横断自動車道の構想は90年代から進められてきたにもかかわらず、いまだに和良・下呂間しか開通していない

美濃と飛騨のさらなる発展で個性を強く主張する県となれ！

美濃と飛騨はあえて協調しなくてもいい！

岐阜県はツイている。美濃と飛騨の確執が根強く残っているように、岐阜はあまりまとまりがない県だ。平成の大合併では自治体の数こそ減らしたものの、合併協議は二転三転、「いびつ」な形の都市が次々と誕生する事態を引き起こした。保守的かつ排他的で、自分本位の気質ゆえに団結しづらいという見方もあるが、県全体の足並みが揃っていないのに、ちゃんと発展しているから不思議だ。まあそれもこれもやはり立地条件が大きい。岐阜は日本のド真ん中。交通の要衝にして大都市・名古屋のお隣。この地の利がなければ、どうなっていたことやら。だから岐阜はラッキーだと率直に思った次第である。

岐阜県を扱った本書では、ここまで歴史や県民性などを踏まえつつ、各地の発展ぶりや諸問題を取り上げ、ヨソ者の視点を交えて論じてきた。県民にしてみればまた違った意見、批判もあるだろうが、こんな見方もあるのだと理解していただければ幸いだ。そして最後の最後に大まとめとして、これまでのすべてを踏まえて、岐阜県の進むべき未来を僭越ながら論じていきたいと思う。

さて、本シリーズではこれまで何度となく、大きな地域間対立が存在する県を取り上げてきている。その場合、最後のまとめで何を提言したかというと、「融和」や「協調」が多かったように思う。というのも、対立する2つの地域のパワーバランスが明らかに不公平なケースが多かったからだ。発展している地域とそうでない地域は、その格差が対立感情に直結してしまう。こうしたケースでは協調していかないと、ダメな側はさらにダメになるだけなのだ。だから共助を提案したのである。

翻って美濃と飛騨を見てみよう。両者のパワーバランスは、岐阜県成立直後は美濃が完全に上で、何かと優遇されてきた。飛騨は歯がゆさを感じながらも、甘んじてその状況を受け入れた。仮にこの状況が今も続いていたなら、筆者はここで「美濃と飛騨は手を取り合わないとダメ！」ぐらい言っていたかもしれない。しかし、飛騨の立ち位置は飛躍的にアップした。観光地として認知度を上げ、岐阜を象徴する地域となった。今や飛騨には多くの観光客が訪れ、多くのお金を落としていく。まるで「観光立国」のようである。

工業を主体に発展する美濃。観光を主体に発展する飛騨。県内ではすでに濃飛の役割分担はハッキリできている。なら「属性」が違うんだからあえて協調するのではなく、それぞれが独自に発展することで岐阜県全体の大きな発展につなげるという割り切り方もあるだろう。濃飛はもともと国がちがうんだし、歴史も文化も言葉も違う。現状で表立った確執は見られないが、両者の溝が完全に無くなったわけではない（とくに飛騨から美濃への対立感情は根深いと飛騨の長老に聞いた）。それなら協調せずに併存という形もありだと思うのだ。

川向こうの田舎から美濃は脱却を図れるのか？

美濃と飛騨、それぞれが今以上に発展すれば、それが岐阜県全体の活性化につながるはず。ならばこの2地域は、これから具体的にどうしていけばいいのだろうか。

美濃は名古屋に依存し、その影響下に身を置くことで発展してきた。製造業が盛んな名古屋都市圏の一角というポジションを手に入れ、多くの工場が立地し、地元に多くの雇用をもたらした。計り知れないほど大きなメリットは確かにあったのだ。だが一方で、名古屋のベッドタウンという役割を受け入れ、郊外を中心にベッドタウンが造成されていった。しかし住圏の郊外化とモータリゼーションの進行に伴い、商圏も郊外に広がって中心市街地の空洞化が激しくなった。美濃のどの都市でも「市街地（商店街）はもう終わっている」という声を散々聞いた。地域の独自性を消し、地方ならどこにでもありそうな無個性な美濃のまちづくりはあまりにも魅力に欠けている。奥美濃の郡上市や美濃市など伝統の街並みを保全している街も例外的にあるが、そうした街は独自のやり方で活性化を図るべくまちづくりに奮闘し、成果も上げつつある。これは地方都市のまちづくりの理想的なかたちといってもいいだろう。

名古屋で働く人たちのために住宅地を造成しても、当の名古屋人は美濃に進んでやってこないという。聞くところによると「名古屋の人は木曽川を越えようとしない」そうだ。名古屋人にとって岐阜はあくまでも「川向こう」。言うなら都落ちなのだ。都会から見て川向こうの場所には田舎のイメージが強く漂い、くだらないことだが、それが移住を忌避する要因にもなってしまうのだ。しかもそうしたネガティブなレッテルを一度貼られてしまうと、覆すのは並大抵のことではない。つまり、愛知（名古屋）から見て川向こうの美濃には、そうしたイメージを覆すほどの大規模でドラスティックなまちづくりが必要なのかもしれない。その点でいうと、岐阜市がかつて政令指定都市を目指した方向性は、間違いではなかったように思う。

いきなりだが、岐阜県は埼玉県はよく似ている。共通項が多いのだ。海無し県、ベッドタウンを多く抱えている、洪水が多い、特徴が無いといわれる風土、多くのアニメの舞台になっているなどなど。共に属性でいえば、「都会と田舎をバランスよく内包するベッドタウン県」といったところか。その埼玉の県都・さいたま市は、浦和、大宮、与野、岩槻の4市が合併して誕生した。浦和と大宮という凄まじいライバル関係の自治体同士が揉めに揉めながら合併協議を主導し、一大拠点都市をつくり上げた。いまだに合併を批判する声や抱える課題も多いが、４都市の個性を集約し、多面的なカラーを持つ独自性の強い都市が誕生したと一定の評価も受けている。そんなさいたま市を筆頭に、ダサイたまといわれてバカにされていた埼玉県は、今や人口が増えっ放しなのである。「ダサい」まで受け入れる度量の広さと、都落ち感を覆すまちづくりで、一大旋風を巻き起こした「翔んで埼玉」のごとく、飛翔中なのである。

もちろん中京圏と首都圏では人口規模やインフラで大きな差があるし、一概に比較するのは危険だけれど、さいたまは大同団結で成功した良い例である。美濃では岐阜や大垣などが広域合併を模索して立て続けに破綻した。これからもチャンスがあれば、岐阜＋大垣で周囲を巻き込み、さいたまのような政令指定都市をつくるぐらい思い切った手を打っても面白いのではなかろうか。名古屋の北に一大拠点都市ができ、名古屋依存を少しでも払拭できれば、地域ブランド力も向上するだろうし、川向こうの都落ち感も払拭されるかもしれない。美濃は美濃らしく、その立地と独自性を生かし、完成したときに強く自己アピールできるくらいのまちづくり戦略が求められているように思われる。

観光以外の産業の底上げも図りたい飛騨

一方、高山、白川郷、下呂温泉など観光コンテンツが充実する飛騨は、インバウンド需要をがっちりと掴み波に乗っていた。日本の伝統や原風景をウリにした、いわば〝さりげない〟観光地は、美濃の郡上も含めて、高山、白川郷など岐阜には多く、いずれも長年に渡って行われてきたPR戦略と観光整備が見事に花開き、成功を収めた。さらに北陸新幹線の開業もあって、金沢を筆頭に北陸のメジャー観光地と連携するなど、このブームは終わりそうにないと思われた。しかし、2020年以降の新型コロナウイルスの流行は、そんな観光業界に大きな影を落とした。インバウンドに人気の観光地だった飛騨の観光地の痛手は計り知れない。ただそうも言っていられない現状、今後は国内客に焦点を当てた観光戦略に舵を切っていかなければならない。そうしていくうちにやがてコロナ禍が収束し、外国人観光客が戻ってくると考えるしかないだろう。それにはたとえば高山市、下呂市、白川村に限らず、飛騨地方全体でこれまで培ってきた観光ノウハウの共有などを行い、飛騨一体化の観光振興で、危機を乗り越えることはできないだろうか。

たとえば飛騨市には、今はもう廃線になっているが、神岡鉄道というローカル線があった。かつて復活構想が持ち上がったが、飛騨市長に神岡とはライバル関係にある古川出身の市長が当選し、構想が白紙になってしまった過去がある。神岡鉄道の沿線には、近代産業遺産ともいえる鉱山やスーパーカミオカンデなど宇宙研究の最前線があり、終点は奥飛騨温泉口駅で秘湯ファンがうらやむ温泉がある。そして何よりここは大人気アニメ映画『君の名は。』の聖地でもあるのだ。一応、旧神岡鉄道のレールにマウンテンバイクをドッキングさせた乗り物「ガッタンゴー」という人気アクティヴィティが整備されているものの、思い切って鉄道を観光インフラとして復活させたらかなりウケると思うのだが、どうなのだろう。財政都合も大きいだろうが、地域財産の掘り起こしや復活がビッグチャンスにつながったりすることも多々ある。こうした他地区との観光連携もできるコンテンツについては、一自治体の単独問題にせず、地域全体で生かすかどうか決めることはできないものだろうか？

また、「匠」が伝統の山国・飛騨の名産といえば木材だ。しかし今、日本の林業は斜陽産業といわれている。木材の自給率は30パーセント程度に過ぎず、材木の単価は下手をすれば大根一本の値段と変わらない。戦後の一斉造林で植えられたスギやヒノキを伐採し、これをどう売っていくかが業界の課題になっている。ただ、ハウスメーカーや工務店への材木販売は大切だが、それ以外にも間伐材の木製品への利用や、樹皮や削りクズなどの残材を木質ペレットに加工してバイオマス利用もできる。このあたりは地元の森林組合と行政とのパートナーシップも重要になってくるだろう。

「飛騨が本当に元気になるには「観光だけではなく、地場産業である林業が元気にならないと」という飛騨人も多いのだ。とにかく飛騨のさらなる発展は、観光振興とその他の産業の底上げにかかっているといえそうだ。

もういつまでも岐阜は名古屋に属国とは言わせない！　もともと強い個性とポテンシャルを持っている美濃と飛騨が、それぞれに最大限の力を発揮し、やがてそれらを結集すれば、岐阜は再び「天下を制する場所」となる！

県都の岐阜市ではタワー系建物を中心に再開発はありきたり。時代に迎合するのではなく、美濃ならではのまちづくりはできないの？

美濃と飛騨が独自に発展すれば、それは岐阜県全体の利益にもつながる。県には今後、岐阜の存在感を上げていく工夫を期待したい

あとがき

　新型コロナウイルスの第二波が懸念されていた2020年7月末、本書の作成にどうしても再度の取材が必要ということで現地へと向かった。ルール上、不要不急以外での移動制限はかかっていなかったが、名古屋で感染が拡大し、その波が岐阜にも来ており、岐阜県で非常事態宣言が出ようとしていた時期だった。そのため筆者はなるべく人との接触を減らし、屋外を歩き回り、さらに小まめに消毒を繰り返すなど、最大限の注意を払って取材をした。

　短期間ではあったが、高山、下呂、土岐、各務原、岐阜、大垣などなど、県内各地の様子を見てまわったが、観光地はやはりあまり元気がなく、都市部の繁華街にも以前ほどのにぎやかさは感じられなかった。

「来てほしいけど怖い」。岐阜県内での数少ない対人での取材中に聞かれた声だ。コロナ禍以降、地方の観光地や店はどこでも同じような声を聞くが、感染防止に最大限の配慮をする、あるいはそうした意識のある人は、どこに行っても基本的に歓迎してくれる（もちろんまったく受け付けない人もいるけれど）。

ソーシャルディスタンスを考えながら人と接するのは、本書の仕事柄さびしいが、去り際の「また来てね」という一言が、このご時世では何より心に響いた。仕事とはいえ、岐阜まで来たことに引け目のようなものがあったからかもしれないが、この一言に本当に救われたのだ。

岐阜県民は保守的で排他的とよくいわれる。しかし、東西交通の要衝に位置し、各地から人の往来が絶えなかったため、さまざま文化を取り入れる柔軟性を持ち合わせているという。筆者がこれまで出会った岐阜県民は皆大らかで、自分の意見をしっかり持ちながら他人の意見も受け入れる度量のある人たちばかりだった。変わり者っぽい感じもするけれど、話に一本筋は通っている。このあたりはお隣の愛知（名古屋）っぽさかもしれないが、取材していて名古屋人相手ほど疲れないのは、岐阜県民の人当たりのよさなのかもしれない。

そんな岐阜県民が本書を読んで何を思い、感じてくれるのだろう。いろいろ厳しいことを書いているけれど、きっと岐阜県民の多くはこの意見を消化し、新たな可能性を示してくれると思う（そう信じてます！）。

いつか何も考えずに岐阜県を旅したい。そう思いつつそろそろ筆を置きます。

参考文献

・松田之利　谷口和人　筧敏生　所史隆　上村惠宏　黒田隆志／編
『岐阜県の歴史』　山川出版社　2000年
・岐阜県高等学校教育研究会地歴・公民部会、地理部会／編
『岐阜県の歴史散歩』　山川出版社　2006年
・山田敏弘／編
『岐阜県謎解き散歩』　新人物往来社　2013年
・岐阜県地位向上委員会／編　石原たきび／構成
『岐阜のおきて ギフを楽しむための51のおきて』　泰文堂　2015年
・岐阜の法則研究委員会／編
『岐阜の法則』　泰文堂　2014年
・増田寛也／編
『地方消滅』　中央公論新社　2014年
・岩中祥史
『日本全国　都市の通信簿―主要35都市を採点する』　草思社　2007年
・松尾一
『岐阜は名古屋の植民地!?　―東京・大阪の衛星都市も同じだ!?』　まつお出版　1994年
・松尾一／監修
『岐阜「地理・地名・地図」の謎』　実業之日本社　2015年
・祖父江孝男
『県民性』　中央公論社　1971年
・祖父江孝男
『県民性の人間学』　筑摩書房　2012年

【サイト】
・岐阜県
http://www.pref.gifu.lg.jp/
・岐阜市
http://www.city.gifu.lg.jp/
・羽島市
http://www.city.hashima.lg.jp/
・各務原市
http://www.city.kakamigahara.lg.jp/
・本巣市
http://www.city.motosu.lg.jp/
・山県市
http://www.city.yamagata.gifu.jp/
・瑞穂市
http://www.city.mizuho.lg.jp/
・岐南町
http://www.town.ginan.lg.jp/
・笠松町
http://www.town.kasamatsu.gifu.jp/
・北方町
http://www.town.kitagata.gifu.jp/
・大垣市
http://www.city.ogaki.lg.jp/
・海津市
http://www.city.kaizu.lg.jp/
・養老町
http://www.town.yoro.gifu.jp/
・垂井町
http://www.town.tarui.lg.jp/
・関ケ原町
http://www.town.sekigahara.gifu.jp/
・神戸町
http://www.town.godo.gifu.jp/
・輪之内町
http://town.wanouchi.gifu.jp/
・安八町
http://www.town.anpachi.gifu.jp/
・揖斐川町
http://www.town.ibigawa.gifu.jp/
・大野町
http://www.town-ono.jp/
・池田町
http://www.town.ikeda.gifu.jp/
・関市
http://www.city.seki.lg.jp/
・美濃市
http://www.city.mino.gifu.jp/
・美濃加茂市
http://www.city.minokamo.gifu.jp/
・可児市
http://www.city.kani.lg.jp/
・郡上市
http://www.city.gujo.gifu.jp/
・坂祝町
http://www.town.sakahogi.gifu.jp/
・富加町
http://www.town.tomika.gifu.jp/
・東白川村
http://www.vill.higashishirakawa.gifu.jp/
・御嵩町
http://www.town.mitake.gifu.jp/
・多治見市
http://www.city.tajimi.lg.jp/

・中津川市
http://www.city.nakatsugawa.gifu.jp/
・瑞浪市
http://www.city.mizunami.lg.jp/
・恵那市
http://www.city.ena.lg.jp/
・土岐市
http://www.city.toki.lg.jp/
・高山市
http://www.city.takayama.lg.jp/
・飛騨市
http://www.city.hida.gifu.jp/
・下呂市
http://www.city.gero.lg.jp/
・白川村
http://shirakawa-go.org/
・名古屋市
http://www.city.nagoya.jp/
・さいたま市
http://www.city.saitama.jp/
・富山県
http://www.pref.toyama.lg.jp/
・厚生労働省
http://www.mhlw.go.jp/
・文部科学省
http://www.mext.go.jp/
・経済産業省
http://www.meti.go.jp/
・国土交通省
http://www.mlit.go.jp/
・農林水産省
http://www.maff.go.jp/
・環境省
http://www.env.go.jp/
・総務省
http://www.soumu.go.jp/
・内閣府
http://www.cao.go.jp/
・気象庁
http://www.jma.go.jp/
・国立教育政策研究所
http://www.nier.go.jp/
・地震調査研究推進本部
http://www.jishin.go.jp/
・岐阜県警察
http://www.pref.gifu.lg.jp/police/
・ＪＲ東海
http://jr-central.co.jp/
・名古屋鉄道
http://top.meitetsu.co.jp/
・長良川鉄道
http://www.nagatetsu.co.jp/
・ＮＥＸＣＯ中日本
http://www.c-nexco.co.jp/
・ＮＥＸＣＯ西日本
http://www.w-nexco.co.jp/
・岐阜新聞Ｗｅｂ
http://www.gifu-np.co.jp/
・中日新聞
http://www.chunichi.co.jp/
・リニア中央新幹線建設促進期成同盟会
http://www.linear-chuo-shinkansen-cpf.gr.jp/
・ブランド総合研究所
http://www.tiiki.jp/
・日本自動車工業会
http://www.jama.or.jp/
・東洋経済オンライン
http://toyokeizai.net/
・ＦＣ岐阜
http://www.fc-gifu.com/
・岐阜高等学校
http://school.gifu-net.ed.jp/gifu-hs/
・株式会社バロー
http://www.valor.co.jp/vghp/
・可児市創造文化センター
http://www.kpac.or.jp/
・ソフトピアジャパン
http://www.softopia.or.jp/
・郡上市観光連盟
http://www.gujokankou.com/
・飛騨高山観光公式サイト
http://www.hidatakayama.or.jp/
・下呂温泉旅館協同組合
http://www.gero-spa.or.jp/
・楽天トラベル
http://travel.rakuten.co.jp/

●編者
鈴木ユータ
1982年、千葉県木更津市生まれ。全国各地を巡る実地取材系ライター。最近では雑居ビルマニアなんて呼ばれたりもしている。高山で食べた飛騨牛の握り（一貫800円！）に感動！夜は岐阜駅前の安い居酒屋にて晩酌を楽しませていただいた。あまり意識したことはなかったが、白川郷も下呂温泉もあるし、愛知県よりも観光巡りが楽しいことを再確認した。

岡島慎二
1968年、茨城県土浦市生まれ。全国各地を飛び回って地域問題をえぐり出し、一石を投じるライター兼編集者。そこそこ田舎でそこそこ都会の岐阜県って、地味に良い県だと思っている（お世辞抜きにです！）。どこに行ってもせせこましい感じがなくて居心地がいいし、取材していても皆あたたかい。お隣の愛知（名古屋）がまったく逆の土地柄なので、余計そう感じるのかもしれないなあ。

地域批評シリーズ51　これでいいのか 岐阜県
2020年9月17日　第1版　第1刷発行

編　者　鈴木ユータ
　　　　岡島慎二
発行人　武内静夫
発行所　株式会社マイクロマガジン社
　　　　〒104-0041　東京都中央区新富 1-3-7 ヨドコウビル
　　　　TEL 03-3206-1641　FAX 03-3551-1208（販売営業部）
　　　　TEL 03-3551-9564　FAX 03-3551-0353（編　集　部）
　　　　http://micromagazine.net/
編　集　岡野信彦 / 清水龍一
装　丁　板東典子
イラスト　田川秀樹
協　力　株式会社エヌスリーオー / 髙田泰治
印　刷　図書印刷株式会社
※定価はカバーに記載してあります
※落丁・乱丁本はご面倒ですが小社営業部宛にご送付ください。送料は小社負担にてお取替えいたします

※本書の内容は2020年7月31日現在の状況で制作したものです。
※本書の取材は新型コロナウイルスによる緊急事態宣言の発令前と、移動自粛要請が緩和された後に行っています。

2020 Printed in Japan　ISBN　978-4-86716-053-4　C0195